한국 고전문학에 나타난
기독교의 편린들

한국 고전문학에 나타난 기독교의 편린들
: 이름도 몰랐던 하나님을 찾아서

2019년 4월 22일 초판 1쇄 인쇄
2019년 4월 29일 초판 1쇄 발행

지은이 | 허경진
펴낸이 | 김영호
펴낸곳 | 도서출판 동연
등   록 | 제1-1383호(1992년 6월 12일)
주   소 | 서울시 마포구 월드컵로 163-3
전   화 | (02) 335-2630
팩   스 | (02) 335-2640
이메일 | yh4321@gmail.com
블로그 | https://blog.naver.com/dong-yeon-press

ISBN 978-89-6447-447-1 03200

이 도서의 국립중앙도서관 출판예정도서목록(CIP)은 서지정보유통지원시스템 홈페이지
(http://seoji.nl.go.kr)와 국가자료종합목록시스템(http://www.nl.go.kr/kolisnet)에서 이
용하실 수 있습니다. (CIP제어번호 : CIP2019016195)

한국 고전문학에 나타난
기독교의 편린들

이 름 도 몰 랐 던 하 나 님 을 찾 아 서

허경진 지음

동연

머 리 말

우리나라 고전문학에 기독교가 들어설 자리는 거의 없었다. 천주교가 들어온 시기에는 박해 때문에 작품을 지을 여유도 없었거니와, 지었다 하더라도 간행되는 문집에 편집할 수가 없었다. 외부에 공개할 수가 없었기 때문이다. 초기 천주교 지도자들 가운데 상당수가 뛰어난 문인이었음에도 불구하고 그분들의 문집이 남아있지 않은 이유가 이 때문이다.

개신교가 들어오면서 근대화가 시작되었기 때문에, 개신교 작가들은 고전문학 시대에 살지 않았던 셈이다. 그래서 처음부터 '편린'(片鱗)이라는 어정쩡한 용어를 제목에 넣었다. 그러나 기도문까지 마무리하고 보니 '편린'조차 제대로 보여주지 못한 것 같아 아쉽다.

그나마 초기 개신교 목회자들이 고전문학이나 한문학의 바탕에서 기독교를 받아들인 분들이어서 그런대로 그분들의 이런저런 글에서 편린을 찾아낼 수 있었다. 최병헌 목사는 한시를 많이 지은 분인데『성산명경』을 소개하다 보니 신문이나 잡지에 게재된 한시를 소개하지 못했고, 길선주 목사의『만사성취』도 다른 소설과 층위가 조금 달라서 다루지 못했다.

다행히 여러 출판사에서 이 연재의 독자가 되어 의견을 주셨기에, 아쉬운 부분이 있지만 곧바로 단행본으로 내고자 한다. 고전문학 시대에 태어나서서 평양신학교를 졸업하고 혹독한 일제 강점기 황해도 일대에서 수많은 교회를 개척하셨던 할아버지 허응숙 목사와 1898년에 백령도 중화동교회를 설립하신 고조부 허득 선생을 생각하며 이 연재를 써 나갔다. 『기독교사상』에 연재를 요청해주신 김홍수 주간과 정필석 선생께 감사드린다. 연재를 하느라고 읽어보았던 초기 개신교의 한문학 작품들이 누군가에 의해서 좀 더 많이, 제대로 소개되기를 빈다.

2019년 3월

허경진

차 례

제 1 부

이름도 몰랐던
하나님을 찾아서

1장
『삼국유사』「고조선」기사에 보이는 단군의 신화

우리나라에 창조신화는 없다

우리나라의 시조는 단군이라고 흔히 말하며, 단군의 탄생과 건국을 기록한 이야기를 단군신화라고 부른다. 그러나 엄밀한 의미로 우리나라에 신화는 없다.

신화(神話)란 글자 그대로 신의 이야기인데, 우리나라에는 창조신화가 없고 따라서 창조신이 없다. 하늘의 해와 달을 만들고 바다와 땅을 만든 신의 이야기가 없다. 단군신화도 창조의 이야기가 아니라 건국의 이야기일 뿐이며, 건국한 조상을 신으로 받든 것이다. 제주도의 설망대 할미 이야기도 우리 민족이 창조신화로 생각하지 않고, 해와 달이 된 오누이 이야기도 창조신화라고 생각하지는 않는다.

그렇다면 흔히 말하는 단군신화를 우리는 어떻게 받아들여야 할 것인가. 여기서 말하는 '신화'는 결코 전지전능한 신의 이야기가 아니다. 우리나라에 그런 신은 없었다. 고구려의 동명왕신화, 신라의 박혁거세신화, 가야의 수로왕신화가 모두 전지전능한 신의 이야기가 아니라, 한 나라를 세운 사람의 이야기였다. 남다르게 뛰어난 능력을 지닌 사람의 이야기일 뿐이다. 굳이 '신화'라고 이름을 붙여야만 한다면, '신비하게 태어나 신비한 능력으로 한 나라를 세운 사람(동명왕박혁거세), 또는 한 집안을 세운 사람(김알지, 석탈해, 제주도의 삼성혈)의 이야기', 즉 창조신(創造神)의 이야기가 아니라 '신비한 사람의 이야기'라고 정의를 내려놓고 이야기를 시작해 보자.

단군신화의 구조

단군에 대한 기록이 여기저기에 실려 전하지만, 그 가운데 가장 오래된 기록은 고려시대에 일연(一然)이라는 스님이 지은 『삼국유사』의 「고조선」이 처음이다. 이 기록은 중국의 역사책인 『위서』(魏書)와 삼국시대에 지어졌음직한 『고기』(古記)와, 『당서』(唐書)의 「배구전」(裴矩傳)을 인용하여 엮어졌다. 그 이후의 기록들은 다시 『삼국유사』를 끌어다 재구성한 것들이다. 너무나 잘 알고 있는 이야기지만, 우리의 생각을 정리하기 위해 다시 읽어보자. 편의상 여섯 부분으로 나누어 보겠다.

1) 『위서』에 이런 기록이 있다. "지금부터 이천년 전에 단군왕검(檀君王儉)이 있었는데, 아사달(阿斯達)에 도읍하고 나라를 열어 조

선(朝鮮)이라 부르니, 요(堯)임금과 같은 시대였다."

2) 『고기』(古記)에 이런 기록이 있다. "옛날 환인(桓人)의 서자 환웅(桓雄)이 있어, 자주 천하에 뜻을 두고 인간 세상을 탐내어 구했다. 그 아버지가 아들의 뜻을 알고 세 군데 높은 산 가운데 태백산을 내려다보니, 인간을 널리 이롭게 할만 했다.[1] 그래서 천부인(天符人) 세 개를 주고는, 인간 세상으로 가서 다스리게 했다. 환웅이 무리 삼천을 이끌고 태백산 꼭대기 신단수(神壇樹) 아래 내려와 그곳을 신시(神市)라고 이르니, 이를 환웅천왕(桓雄天王)이라고 한다. 그는 풍백(風伯), 우사(雨師), 운사(雲師)를 거느리고, 곡식, 목숨, 질병, 형벌, 선악을 맡아 다스렸다. 인간의 삼백 육십 여 가지 일을 맡아, 세상에 있으면서 다스리고 교화하였다.

3) 그때 곰 한 마리와 범 한 마리가 같은 굴에 살았는데, 늘 신웅(神雄)에게 빌면서, 변화하여 사람이 되기를 원하였다. 그래서 신이 신령스러운 쑥 한 다발과 마늘 스무 개를 주면서, '너희들이 이것만 먹고 백일동안 햇빛을 보지 않으면, 곧 사람이 될 것이다'고 말했다. 곰과 범이 쑥과 마늘을 받아서 먹고, 삼칠일을 견디어 곰은 여자가 되었다. 그러나 범은 견뎌내지 못하여 사람이 되지 못했다. 곰네(熊女)는 자기와 혼인할 사람이 없었으므로, 늘 신단수 아래에서 '아이를 배게 해주십사' 하고 빌었다. 환웅이 잠깐 변하여 결혼하고 아들을 배어 낳으니, 이름을 단군왕검이라고 하였다.

4) 단군이 요임금이 즉위한 지 50년 되던 경인년에 평양성에 도읍하

---

1 이 부분은 다르게 번역할 수도 있다. "그 아버지가 아들의 뜻을 알고 내려다보니 세 가지 위험한 일[三危]이 있었는데, 태백산이 인간을 널리 이롭게 할만 했다"라고 번역하면, 뒤의 천부인 세 개를 이해하기가 더 쉬워진다.

고, 비로소 조선이라고 일컬었다. 또 도읍을 백악산 아사달로 옮겼는데, 그곳을 궁홀산(弓忽山) 또는 금미달이라고도 한다. 1500년 동안 나라를 다스렸다.

주나라 무왕(武王)이 즉위한 기묘년에 기자(箕子)를 조선 제후로 봉하자, 단군은 장당경(臧唐京)으로 옮겨갔다. 나중에 다시 돌아와 숨어 산신(山神)이 되니, 나이가 1908세였다.

5) 『당서』〈배구전〉에는 이런 기록이 있다. "고구려는 본래 고죽국 (孤竹國)인데, 주나라가 기자를 봉하여 조선이라고 했다. 한나라가 셋으로 나눠 군(郡)을 설치했는데 현토, 낙랑, 대방이다."

6) 『통전』(通典)에도 역시 이 설명과 같다.

이상의 여섯 부분 가운데 5), 6) 두 부분은 단군신화와 직접 관련이 없다. 중국 세력이 밀려와서 단군조선이 도읍을 옮겼다는 4)의 기록을 뒷받침하기 위해서 나중에 덧붙였을 뿐이다.

단군신화의 중심부는 『고기』의 기록이다. 이 『고기』가 글자 그대로 옛 기록이라는 뜻의 고기(古記)인지, 아니면 단군에 대한 기록 즉 「단군고기」라는 고유명사인지는 분명치 않다. 이 기록 가운데 2) '환웅의 하강', 3) '단군의 탄생'은 신화로 볼 수 있고, 4) '조선 건국'은 역사로 볼 수 있다. 그러나 역사의 끝부분에서 산신이 되었다는 것은 결국 단군의 신격화이다.

이 신화를 역사화하기 위해서 중국 최초의 임금(그나마 전설 속의 임금)인 요임금까지 등장했다. 구체적으로 연도까지 계산해서 경인년에 건국했다고 확실히 기록했지만. (일연은 요임금이 즉위한 해부터 다시 따져서 정사년이 맞다고 작은 글씨로 주까지 달았다.) 신석기 시대에 해당되는 이 시기의 계산을 이처럼 구체적으로 못 박은 것은 오히려 신뢰감을 잃게 한다. 더구나 요임금의 실존 사실이 부정되면, 결국 단군신화의 허구성도 드러나게 되는 것이다. 일연이 『삼국유사』를 기록할 당시에는 몽고의 침입 아래 우리 민족의 생존이 위태로웠으므로, 주체성과 긍지를 살리기 위해 '중국 최초의 임금과 같은 시기에 건국했다'고 내세웠겠지만, 『위서』에 있는 것처럼 '지금부터 이천 년 전쯤'이라는 포괄적 기록이 오히려 신뢰감을 준다.

단군신화의 일차적인 해석

단군신화를 해석하려면 이 신화가 어떻게 지어졌는지를 먼저 밝혀야 한다. 「단군고기」가 기록되기 전에도 이 신화는 많은 사람들의 입에서 입으로 전해 내려왔을 것이다. 이 신화를 처음 지은 사람이 한 개인인지 많은 사람인지는 확실치 않지만, 어쨌든 처음 들었을 당시의 사람들에게 의심 없이 받아들여지려면 그럴만한 바탕이 있어야만 한다. 즉 그 당시의 사람들이 모두 기억해 오고 있던 사실과 이 신화가 들어맞았기 때문에 사실로 여겨지고 의심 없이 믿었을 것이며, 단군을 무당이자 임금으로 받드는 사회가 구성되었을 것이다.

부족 전체가 수백 년 또는 수천 년 동안 기억해 온 사실이 바로 집단기억이다. 이러한 집단기억을 소재로 해서 상상력과 표현력을 갖춘 어느 사람(원시 서사시인, 어쩌면 무당 단군)이 재구성한 이야기가 바로 「단군신화」이다.

석기시대 원시인들은 짐승 사냥을 했고, 부족에 따라서 신성시하는 짐승 즉 토템을 믿었다. 요동반도나 만주 땅에서 짐승사냥을 일 년 내내 할 수는 없어서, 일 년 가운데 서너 달은 어두운 동굴 속으로 들어가 추위와 눈보라를 피해 살아야만 했다. 그동안은 싱싱한 고기를 먹을 수 없었기에, 말린 고기나 딱딱한 열매를 먹어야만 했다. 이처럼 수천 년 동안 반복되어온 생활이 바로 이들에게 집단기억이 되었다.

이 지방에 곰을 신성시하는 부족과 범을 신성시하는 부족이 살고 있었다. 물론 지신(地神)을 섬기던 이 부족들이 지금의 한민족과 같은 종족은 아니다. 그런데 북쪽으로부터 천신(天神 : 일연은 이 신을 불교식으로 帝釋이라고 번역했다)을 믿는 알타이계통의 한 부족이 따뜻한 남쪽을 찾아서 내려왔다.

새로운 청동기 문화를 가지고 온 이 무리들은(삼천쯤 된다고 하자) 신석기 문화를 지닌 곰, 범 두 부족을 쉽게 정복했다. 훨씬 우월한 청동무기를 지닌 이들이 힘으로만 두 부족을 정복한 것이 아니라, 자기들을 하늘로부터 내려온 천신, 즉 환인의 자손이라고 내세움으로 해서 더욱 쉽게 정복한 것이다. 그러나 그 정복과정에서 곰 부족은 쉽게 적응하고 동화되었지만, 공격적이던 범 부족은 적응하지 못했으므로 도태되었다. 이렇게 해서 새로운 부족이 태어났다.

환웅은 곰과 범에게, 사람으로 태어나려면 백일 동안 햇빛을 보지 말라고 했다. 석기시대의 원시인들에게는 사냥을 못하고 어두컴컴한 동굴에 파묻혀 살아야 하는 서너 달의 생활이 곧 죽음이었고, 새 봄이 되어 햇빛 비치는 굴 밖으로 나가는 것이 곧 새로운 탄생이었다. 그 백일 동안은 평소에 먹지도 않던 말린 고기와 딱딱한 열매나 먹으며 참아야 했다. 백일이라는 기간은 글자 그대로 추운 겨울 서너 달이기도하지만, 원시인들이 생각할 수 있었던 가장 많고 완전한 숫자, 즉 '온'(백)날을 가리키기도 한다. 그들은 새로운 탄생을 위해서 '온날'(백일)을 참고 견뎌야만 했다. 그러나 범은 참지를 못하고 뛰쳐나갔다.

곰이 21일을 견딘다고 한 것도 원시인들이 셀 수 있었던 가장 많은 숫자를 가리킨다. 즉 손가락 열개와 발가락 열개보다도 하나 더 많은 숫자가 바로 '21'이었던 것이다. 물론 삼칠일은 아기가 세상에 태어나서 죽음의 고비를 넘기고 삶의 구성원으로 인정받는 첫 관문이기도 하다.

예전에는 사람이 세상에 태어나서 자라나고 어른이 되며 결혼하고 죽기까지, 각기 거쳐야만 하는 과정, 즉 통과의례가 있었다. 유교 예법의 '관혼상제'도 바로 그것이다. 소녀가 초경이 지나면 마을로부터 격리된 외딴 집에 갇혀 살면서 시련을 겪으며, 어른들이 치러야 할 여러 가지 일들을 배운 뒤에 시집갔다. 곰네(熊女)도 (어두운 동굴 속에서 쑥과 마늘만 먹으며 삼칠일을 견디는) 시련 극복의 과정을 거쳐서 시집가게 된 것이다.

곰네는 원래 짐승이었기에, 여자가 되려면 신화 속에서도 합리적인 절차가 필요했다. 그래서 짐승의 속성을 없애기 위해 마늘을 먹었다. 요즘 우리가 고기를 먹으면서 그 독성을 없애기 위해 마늘을 먹는 것과 같은 이치이다. (물론 당시 한반도에 마늘이 있었는가 하는 것은 또 다른 문제이다. '蒜'에는 '마늘'보다 '달래'라는 뜻이 먼저 있었다.) 짐승의 고기가 마늘과 섞여서 사람의 몸이 된다는 이치는 옛날이나 지금이나 마찬가지다. 그리고 아기를 낳을 수 있는 건강한 여자가 되기 위해서 쑥을 먹었다.

환웅 족은 곰 부족과 범 부족을 정복하고 곡식, 목숨, 질병, 형벌,

선악을 맡아 다스렸으며, 나름대로의 천신을 섬기고 있었기에 바람, 구름, 비까지도 주관하였다. 곰 부족은 차츰 환웅 족에 동화되어 서로 결혼하면서 새 부족을 탄생시켰다. 새로운 이 세대를 단군부족이라고 불러도 좋고, 그 추장을 단군이라고 불러도 좋겠다. 곰 부족은 이 「단군신화」가 자기들이 오랫동안 겪어온 생활, 즉 집단기억과 맞아들었기에 아무도 거부감 없이 이 신화를 받아들이고 믿었다.

우리는 곰의 자손인가

우리가 곰의 자손이라고 하면 부끄러워하는 사람이 많다. 그러나 신화는 '그 당시 사람(신석기시대인)들의 세계관'인데, 그들이 곰을 자기들의 조상이라고 생각하는 것도 무리는 아니다.

그들은 자기들의 조상이 자기들과는 모습이 비슷하면서도 조금은 달랐을 것이라고 생각했다. 말하자면 진화론은 그 때부터 있었던 셈이다. 시베리아 지방에서 많이 볼 수 있는 짐승 가운데서도 산토끼나 다람쥐를 조상이라고 생각하고 싶지는 않았을 테니, 몸집이 크고 힘이 세며 의젓한 짐승을 찾다 보니까 자연히 곰과 범이 눈에 띄었다. 그 가운데서도 곰의 생활이 훨씬 자기들과 가깝다고 느껴졌다.

곰은 자기들처럼 곧바로 서서 다닐 수 있었다. "재주는 곰이 부리고 …"라는 속담이 있을 정도로 머리가 좋은데다, 손을 쓸 줄 알았다. 게다가 추운 겨울에는 자기들처럼 사냥을 않고 어두운 동굴 속에 틀어박혀 겨울잠을 잤다. 음식도 동물성, 식물성을 가리지 않는 잡식인데다, 미련할 정도로 참을성이 강했다. 국문학의 특질을 '은근과 끈기'라고 정의 내린 학자도 있을 정도로, 곰의 성격은 여러 가지로 그들과 비슷했다. 그들은 당연히 곰을 자기네 조상이라고 생각하며 신성시했다.

실제로 신석기시대에 시베리아에는 곰을 숭배하는 부족이 많았으며, 돌간족은 곰을 여자로 생각했고, 만씨 인들은 곰을 숲의 여인이라고 불렀다. 야콥슨은 곰 숭배사상과 샤머니즘이 고아시아족의 특징이라고까지 말했다. 19세기의 과학자 다윈이 사람의 조상을 침팬지(구체적으로 예를 들면 오스트랄로피테쿠스)라고 주장한 것을 생각해 보면, 침팬지를 보지도 못한 사천년 전의 원시인들이 '우리들의 조상은 곰이다'라고 생각한 것은 조금도 이상할 것이 없다. 눈에 많이 띄고 힘은 세지만, 곧바로 서지 못하고 겨울잠도 자지 않으며 식물성 먹이를 먹지 않는 범은 조상이 될 수 없었다. 21일도 참지 못하고 동굴을 뛰쳐나간 범이 '은근과 끈기'를 지닌 자기들의 조상이라고 생각되지 않았다.

곰과 범이 힘으로 사납게 맞싸웠다면 범이 이겼을지도 모른다. 그러나 환웅이 선택한 기준은 식성과 참을성이었다. 곰은 그 싸움에서만 이긴 것이 아니라, 그 이후의 생존경쟁에서도 범을 이겼다. 성질 급한 범은 그때 동굴에서 뛰쳐나간 뒤로 차츰 바뀌어가는 자연계의 변화에 적응하지 못하고, 하나 둘 도태되어 갔다. 결국 현재 남한에서 범은 멸종되고 말았다. 신화 속에서의 승리는 결국 현실에서의 승리로 인해 진실로 판명되었고, 우리 민족은 승리의 민족이 된 것이다. 만약 우리가 범의 자손이었다면 중국, 만주, 소련, 일본 등의 강국과 정면으로 맞붙어 싸웠을 것이며, 사나운 범처럼 벌써 멸족되었을는지도 모를 일이다. 몽골족이나 만주족같이 한때 중국을 정복했던 주변의 소수민족들이 지금 한족에게 동화되어 독립 국가를 유지하지 못하거나 문자도 잊어버린 현실을 보면, 우리의 조상이 범이 아니라 곰이었다는 사실이 얼마나 다행스러운지 모른다.

단군은 누구인가

환웅이 처음 신단수(神壇樹) 아래에 내려와 세상을 다스렸다고 하는데, 이 나무는 하늘과 땅, 즉 신과 사람을 이어주는 중개자이다. 단군이라는 이름이 무당이라는 뜻의 '당굴'에서 나왔다고 보는 학자도 있지만, 무당(또는 제사장)을 나타내는 '단'(壇 : 제단)과 임금을 나타내는 '군'(君)의 합성으로 보는 견해도 많다. 즉 무당과 추장(임금)의 일을 함께 맡아보는 제정일치사회의 통치자로 보자는 것인데, 이 경우에 '단군'은 일반명사이고, '왕검'은 고유명사가 된다. 그렇게 되면 단군이 1,500년 동안 나라를 다스렸다거나 1,908세를 살았다는 것도 한 사람의 단군이 아니라, 첫 번째 단군인 왕검을 비롯해서 몇 십 명의 단군이 대를 이어 다스리고 살았다는 뜻으로 해석할 수 있다.

그러나 이 경우에도 신화 자체로 받아들여야지, 실제의 역사임을 증명하기 위해서 『규원사화』처럼 47대나 되는 단군의 족보를 만들어 내고 그 후대 단군들의 업적을 꾸며대는 것은 오히려 불합리하다. 우리나라의 첫 번째 임금이 단군왕검이라는 것만으로도 단군신화의 의미는 충분해진다. 그 시대에 없던 기록을 조작해 가며 후대를 꾸며대다가는 오히려 단군신화 자체까지도 의심받게 되는 것이다.

그렇다면 단군은 누구인가? 최초의 단군은 단군신화의 주인공인

동시에 작가이다. 단군신화를 '건국 서사시'로 본다면, '서사시인'인 셈이다. 제정일치 사회에서는 제사가 아주 중요한 행사였으며, 가장 중요한 행사 때에는 밤을 지새워가며 굿판을 벌였다. 모닥불을 피우고 노래와 춤을 즐기며, 굿판을 벌이다가 한밤중이 되면 무당이 자기의 신통력을 과시하기 위해 그 자리에 모인 부족민들에게 본향풀이를 들려줬다. '내 할아버지가 하늘에 있는 신 환인이며, 아버지가 하늘로부터 땅에 내려와 이 세상을 다스리던 환웅이다'는 내용의 본향풀이는 석기시대 원시인들의 사고력과 상상력을 사로잡기에 충분했다. 그 정도의 신을 모신 무당이라면 자기들의 지도자로 삼아도 부족함이 없었던 것이다. 더군다나 그 본향풀이가 자기들의 집단기억과 꼭 들어맞았으니, 거부감도 없었을 것이다.

이 단군신화는 처음에 단군부족만의 신화였고, 다른 부족들은 각기 다른 신화(동명왕신화, 박혁거세신화, 수로왕신화)를 믿었다. 이러한 신화는 입에서 입으로 몇 백 년씩 전해졌다. 단군이 우리나라의 시조라고 해서, 박혁거세가 꼭 단군의 후손이어야만 한다는 법은 없다. 삼국시대에 지어진 역사책이 지금 전하지 않으므로 그 시대에는 어떻게 관계 지어졌는지 알 수 없지만, 몽고의 침입을 받고 민족의 존망이 위태로웠던 1285년에 일연이 『삼국유사』를 엮으면서 그 첫머리에다 단군신화를 실어, 여러 갈래의 신화를 지녔던 한민족의 정신적 고향을 통일하고, '요임금과 동시대에다 천신의 자손'이라는 민족적 우월성을 내세운 것으로 보인다.

단군신화는 그 이후에도 민족의 존망이 위태로울 때마다 부각되었다. 병자호란 뒤에 그러했고, 조선 말기에도 그러했다. 1904년에는 드디어 단군을 신으로 믿는 단군교가 성립되기까지 했다. 한민족의 우월성을 내세워야 한다는 민족적인 요구에 의해서, 단군이 구심점으로 부각된 것이다. 그래서 독립운동가 가운데 많은 이들이 대종교 신자였다.

그러나 우리 민족이 단군을 신으로 받드는 데에는 문제가 있다. 신으로 받들기 위해서는 그만한 신통력이 있어야만 한다. 천지를 창조했다든가, 전지전능하다든가, 민족을 위기에서 구해주었다는 정도의 신통력이 있어야 신으로 받들 조건이 생긴다. 그러나 단군신화는 아무리 들여다봐도 단군의 신통력은 나타나 있지 않다. 1,908세를 살다가 죽은 것뿐이다.

이 글의 의도는 단군의 실재를 부인하자는 것이 아니다. 고고학적 유물들이 차츰 발견되면서, 기원전 언제쯤인가 단군조선이 있었다는 사실을 부인할 수 없게 되었다. 물론 평양의 단군릉에서 최근에 발견된 유골이 단군 부부의 유골이라는 식의 고고학 자료까지 글자 그대로 믿을 수는 없지만 말이다.

그러나 단군의 신성에 대해서는 단군신화를 채록한 사람들 사이에서도 많은 차이가 있다. 일연의 『삼국유사』보다 2년 뒤인 1287년에 출간된 이승휴의 『제왕운기』(帝王韻記)에는 한민족의 시조가 곰네의 자손이라는 것을 꺼려서, '환웅이 손녀로 하여금 약을 먹고 사람이 되게 하여 단군을 낳았'고 수정하였다. 그 이후 유교사회에서 지은 『세종실록』『지리지』(地理志)에서도 합리적인 유교인의 발상에 의해 손녀설(孫女說)을 그대로 채택하였다. 이처럼 단군신화를 사람마다 제 생각대로 고쳐서 기록했다는 사실을 뒤집어 본다면, 그 시대 사람들도 단군이 산신(山神)이 되었다는 기록을 그대로 믿지는 않았을 것이다.

2장
하늘과 하느님의 아들에게 제사하며 올렸던 기도

변화하여 사람이 되게 해 달라

우리 민족의 첫 번째 나라였던 단군조선이 건국되기 전에 이미 이 땅의 토착민들은 하늘에 기도를 올렸다. 북쪽 어디에선가 환웅이 삼천 명의 무리를 이끌고 이 땅에 내려와 태백산 꼭대기 신단수(神檀樹) 아래에 신시(神市)를 열고 곡식, 목숨, 질병, 형벌, 선악을 맡아 다스리며, 인간의 삼백육십 여 가지 일을 맡아 다스리고 교화하였다. 『삼국유사』에서는 "그때 곰 한 마리와 범 한 마리가 같은 굴에 살았는데, 늘 신웅(神雄)에게 빌면서 '변화하여 사람이 되게 해 달라'고 원하였다"라고 하였다.

우리나라의 문학과 역사에 기록된 첫 번째 기도는 "변화하여 사람이 되게 해 달라"는 내용이었던 것이다. "변화하여 사람이 되게 해

달라"는 기도는 자신들의 몸이 밖으로부터 이 땅에 들어온 삼천 무리와 달리 사람이 아님을 깨달았다는 뜻이기도 하지만, 하늘의 아들이 이 땅을 정복하고 새로운 지배자가 되자 지배세력에 합류하기를 원한 두 부족, 즉 곰을 토템으로 섬기는 부족과 범을 토템으로 섬기는 부족이 새로운 지배자 환웅에게 피정복자가 아니라 같은 부족으로 받아주기를 원한 것이기도 하다.

환웅은 이들에게 힘을 겨루게 하여 승리자를 선택하지 않고, 인내심을 요구하였다. 새로운 국가를 경영할 모든 능력을 갖추고 있던 환웅에게는 사납고 힘센 남자보다도 자기에게 순종하며 다음 세대를 낳아줄 무던하고 슬기로운 여인이 필요했던 것이다. 곰은 당연히 세 이레를 잘 참고 견뎠지만 범은 어두운 동굴을 뛰쳐나갔는데, "백일 동안 참으라"는 시험문제 자체가 범에게는 받아들일 수 없었던 것이다. 범이 새로운 환경에 적응하지 못했다는 단군신화는 사천 년 뒤 우리나라 산에 곰은 남아 있지만 범은 남아 있지 않다는 사실만으로도 진실이었음이 입증된다.

여자가 된 곰네의 두 번째 기도는 "아이를 낳게 해 달라"는 내용이었다. 사람이 되게 해 달라고 기도해서 이루어졌으므로, 이번에는 본능적으로 아이를 낳게 해 달라고 신단수 아래에서 기도한 것이다. 신단수의 나무는 하늘과 땅, 사람을 이어주는 우주목(宇宙木)이었으므로, 부족민들은 신단수 아래에서 기도하였다. 환웅이 그 기도를 들어주기 위해 "잠깐 (사람으로) 변하여 결혼하고 아들을 임신하여 낳게" 해주었는데, 이 아이가 바로 단군왕검이다. 역사적으로는 이 땅을 정복한 환웅족과 이 땅에 전부터 살았던 곰족의 젊은이들이 결혼하여 새 민족을 탄생시켰는데, 그 첫 지도자가 바로 단군왕검이다.

다양한 해석이 있지만, 단군(壇君)으로 쓰는 경우에는 제단과 임금, 즉 제정일치(祭政一致) 사회의 제사장과 추장을 겸한 지도자라고 해석할 수 있다. 일 년에 한 번 전체 부족민들이 모여서 하늘에 제사 지낼 때에 제사장(무당)이 부족민들에게 들려준 본향풀이, 즉 자신(우리 부족)이 어디에서 온 누구인지, 우리가 모시는 신(하늘)이 어떤 존재인지 설명하는 노래가 바로 단군신화였고, 우리 민족 최초의 문학작품이다. 부족민들의 집단잠재의식을 노래로 만들어 들려주었기에 설득력이 강했고, 전승력도 강했다.

"주(周)나라 무왕(武王)이 즉위한 기묘년에 기자(箕子)를 조선 제후로 봉하자, 단군은 장당경으로 옮겨갔다. 나중에 다시 돌아와 숨어 산신(山神)이 되니, 나이가 1908세였다"라는 기록은 단군신화의 마지막 부분인데, 산신이 되었다면 부족민들이 제사를 지내며 역시 기도했을 것이다. 그러나 이미 나라를 지켜주지 못해 수호신의 기능을 잃었으므로, 이 시기의 기도문은 역사에 기록되지 않았다.

우리나라 문학의 첫 출발은 기도였다. 『삼국유사』에는 곰네의 기도가 몇 글자로 짧게 기록되었지만, 후일 국가행사에서 하늘에 제사할 때에는 두루마리에 긴 기도문을 써서 낭독했으며, 국사(國史)뿐만 아니라 우리나라의 대표적인 문학작품을 가려 뽑아서 출판한 『동문선』(東文選)에도 실리게 되었다. 『동문선』에는 삼국시대부터 조선 전기까지의 대표적인 문학작품이 실려 있는데, 신에게 제사지내며 낭독했던 기도문도 많이 실려 있다.

제문(祭文)은 사람과 신에게 제사지내는 글인데, 비를 오게 해달라고 우사(雨師)에게 제사한 기도문이 3편이나 실려 있다. 비를 오게 해달라고 기도하던 우사단(雩祀壇)은 동대문 밖, 또는 보광동에 있었다고 한다. 풍사(風師)에게 기도하던 축문을 비롯하여, 얼음이 얼기를, 또는 비가 개기를 빌던 축문(祝文)도 14편이나 실렸다. 북두성(北斗星)을 비롯한 도교의 신들에게 제사한 글이 청사(靑詞)인데, 다양한 신들에게 비는 글이 32편이나 실렸다. 신화시대의 건국신이 하늘의 아들이었으므로, 신과 자연이 분리된 뒤에는 자연에 기도하는 작품이 많이 지어진 것이다.

춤추고 노래 부르며 하늘에 제사하던 제천의식(祭天儀式)

우리가 기록한 가장 오래된 역사책은 고려시대 1145년에 편찬된 『삼국사기』와 1281년에 기록된 『삼국유사』이고, 그보다 오래된 기록은 414년에 세워진 광개토왕비(廣開土王碑)에서 그 편린을 찾아볼 수 있다. 그 이전에도 고구려에서 역사서를 편찬했다는 기록은 남아 있지만, 실물은 없어지고 『삼국사기』에 그 편린만 남아 있다. 따라서 우리 민족의 옛 모습 기록은 중국 역사책에서나 찾아볼 수 있다.

광개토왕비보다 더 오래된 중국 역사서에는 여러 지역, 여러 시대에 걸쳐 우리 민족의 옛 모습이 공통적으로 묘사되어 있다.

1. 이곳은 동이(東夷)의 땅 가운데 가장 좋은 곳이다. 땅에서는 오곡이 잘 되고, 이름난 말, 붉은 옥, 족제비 등이 난다. 큰 구슬은 대추만하고, 나무를 둘러 성을 만들었으며, 궁실과 창고와 감옥이 있다. … 섣달에는 하늘에 제사를 지낸다. 이때에는 사람들이 많이 모여 여러 날 동안 술 마시고 노래 부르고 춤을 추며 노는데, 이를 영고(迎鼓)라고

△ 중국 집안현에 있는 광개토왕비와 변조한 탁본 일부 (동아일보 사진). 비문 해석과 변조 여부에 대하여 한국, 일본, 중국 학자들이 서로 다른 해석을 내어놓고 있다.

한다. 이 기간에는 형옥(刑獄)을 다스리지 않고, 죄수를 석방한다.
_『후한서(後漢書)』「동이전 부여국」

2. 귀신과 사직(社稷)과 영성(靈星)에 제사 올리기를 좋아한다. 10월이면 하늘에 제사하기 위해 사람들이 크게 모이는데, 이를 동맹(東盟)이라고 한다. _『후한서(後漢書)』「동이전 고구려」

3. 새벽이면 일어나 별자리의 움직임을 보고 농사 일이 풍년일는지 흉년일는지 미리 점을 쳤다. 10월이면 하늘에 제사를 지내는데, 이때가 되면 밤낮으로 술 마시고 노래하며 춤을 추니, 이를 무천(舞天)이라고 했다. 또 사당을 지어 범[虎]을 제사지내며 신으로 섬겼다.
_『후한서(後漢書)』「동이전 예(濊)」

4. (마한에서는) 언제나 5월이 되어 밭갈이가 끝나면 귀신에게 제사 드리고, 밤낮으로 술 마시고 놀면서 여럿이 모여 춤추고 노래한다. 한 사람이 춤을 추면 몇 십 명이 따라서 춤을 추었다. 10월이 되어 농사 일이 끝나면 또 다시 이와 같이 놀았다. 여러 나라의 고을에서 각각 한 사람이 천신(天神)에게 지내는 제사를 주관하는데, 이 사람을 천군(天君)이라고 한다. 또 큰 나무로 소도(蘇塗)를 세우고, 거기에 방울과 북을 매달아 놓고 귀신을 섬긴다.

진한(辰韓) 풍속은 노래 부르고 춤추고 술 마시며 비파 뜯는 것을 좋아한다. _『후한서(後漢書)』「동이전 한(韓)」

5. 은(殷)나라 정월이 되면 하늘에 제사를 지냈다. 이때가 되면 온 나라 사람들이 모두 모여서 날마다 술 마시고 노래하고 춤을 추는데, 이를 영고(迎鼓)라고 한다. 이때가 되면 감옥에서 형벌을 다스리지 않고, 죄수들도 풀어주어 내보냈다. _『삼국지(三國志)』「위지 동이전 부여」

6. 이 나라 백성들은 노래하고 춤추기를 좋아한다. 나라 안 모든 촌락에서는 밤만 되면 남녀들이 여럿이 모여 서로 노래하고 논다. … 자기 집에 술을 빚어 두고 마시기를 좋아한다. … 10월이 되면 하늘에 제사를 올리는데, 이때가 되면 나라 안 사람들이 모두 모인다. 이를 동맹(東盟)이라고 한다. _『삼국지(三國志)』「위지 동이전 고구려」

이 기록들의 공통점은 우리 민족이 예부터 노래 부르고 춤추기를 좋아했다는 점과 하늘에 제사지냈다는 점이다. 그렇다고 해서 '노래 부르고 춤추기를 좋아했다'는 점이 중국 주변 모든 나라의 공통점은 아니었다. 중국은 예부터 주변 이민족들을 방향에 따라 동이(東夷) – 서융(西戎) – 남만(南蠻) – 북적(北狄)이라 불렀는데, 다른 방향의 민족들은 물론이고 동이(東夷)라고 해서 모두 노래 부르고 춤추기를 좋아한 것도 아니었다. 『후한서』(後漢書)와 『삼국지』의 「동이전」(東夷傳)은 시기만 다를 뿐 내용은 비슷한데, 우리에게 잘 알려진 『삼국지』(三國志) 「위지 동이전」에는 부여/고구려/옥저(沃沮)/읍루(挹婁)/예(濊)/한(韓)/왜(倭)의 순서로 여러 부족국가들이 실려 있다. 그런데 위에 소개된 부족국가들 가운데 후대에 고구려/신라/백제의 영토에 포함되어 지금의 우리 민족의 선조라고 생각되는 부족국가 주민들만 노래 부르고 춤추기를 즐겼으며, 하늘에 제사하였다. 고구려 개마대산 동쪽 큰 바닷가에 있었다는 옥저, 부여 동쪽 천 여리 큰 바닷가에 있던 읍루의 주민들은 그런 기록이 없다. 왜(倭)에도 노래 부르고 춤추었다는 기록은 있지만, 성격이 다르다. '사람이 죽으면 십 여일을 상을 치르는데, 상주는 곡을 하지만 다른 사람들은 노래하고 춤을 추며 술을 마신다'고 한 것이다. 말하자면 제천(祭天) 의식이 아니었던 것이다. 우리 민족만이 유독 춤추고 노래 부르기를 즐겼는데, 하늘에 제사지낼 때에도 역시 춤추고 노래 부르며 하늘과 하늘의 아들을 기쁘게 하였다.

하늘의 아들인 조상신에게 제사하며 문학작품을 공연하다

부족국가마다 제천의식의 이름은 달랐지만, 노래 부르고 춤을 추었다는 점은 똑같다. 영고(迎鼓)나 무천(舞天)이라는 이름 속에 이미 춤추고 노래 부른다는 뜻이 담겨 있다. 제천의식의 자세한 절차는 확실치 않지만, 대부분 농사가 끝난 늦가을에 잔치를 했다는 것을 보면 추수감사절(秋收感謝節, 秋夕)의 성격이 있으며, 마한 경우에는 하늘

제사를 주관하는 사람을 천군(天君)이라 했다. 한 사람이 춤을 추면 몇 십 명이 따라서 춤을 추었으며, 큰 나무로 소도(蘇塗)를 세우고 거기에 방울과 북을 매달아 놓고 귀신을 섬긴다고 했으니, 천군이 바로 제정일치 사회의 무당이자 추장이었음을 알 수 있다.

제천의식에 모였던 사람들은 천군(무당)을 따라 노래 부르고 춤을 추는 행동 이외에 어떤 행동을 했을까? 다른 부족국가들이 어떤 역사를 기록했는지 확실치 않지만, 후대에 확실하게 역사가 전해진 국가는 고구려이다. 그러나 고구려가 기록했다는 『유기』100권이나 『신집』5권도 원본은 다 없어지고 『삼국사기』에 그 편린만 남았으므로, 그보다 앞선 중국 초기의 역사 기록을 검토해보기로 한다.

1. 『위략』(魏略)에 이렇게 기록되었다. "(고구려 사람들은) 10월에 모여서 제사하는데, 제천의 이름은 동맹(東盟)이다. 전쟁이 일어나도 그때마다 하늘에 제사하는데, 소를 죽여 발굽을 보고 길흉을 점쳤다. … 수혈신(穟穴神)을 맞아다가 국도(國都)의 동쪽 물가에서 그것을 제사지낸다." _ 『한원』(翰苑) 권30 「번이부 고려」

2. 10월에 하늘에 제사하는데, 국중대회(國中大會) 이름을 동맹(東盟)이라 한다. 그 공회(公會)에서 모두 비단에 수놓은 옷을 입고 금은으로 스스로를 꾸미며, 대가(大加)와 주부(主簿)는 머리에 책(幘, 건)을 쓰는데 (중국의) 책(幘)과 비슷하지만 뒷부분이 없다. 소가(小加)는 절풍(折風)을 쓰는데, 형태가 고깔과 같다. 국도(國都) 동쪽에 수혈(隧穴)이라고 하는 큰 동굴이 있는데, 10월 국중대회 때에 수신(隧神)을 맞이하여 국도의 동쪽 위로 모시고 와서 제사하며, 목수(木隧)를 신좌(神坐)에 안치한다. _ 『삼국지』(三國志) 권30 「위지 동이전 고구려」

첫 번째 기록『한원』(翰苑)은 위진교체기(250~260년대)에 편찬되고,『삼국지』는 서진(西晉) 태강(太康, 280~289) 연간에 편찬되었으니, 광개토왕비보다도 훨씬 오래된 고구려 관련 첫 번째 기록이다. 『한원』(翰苑)에 인용된『위략』(魏略)에서는 "수혈신(襚穴神)을 맞아다가 국도(國都)의 동쪽 물가에서 그것을 제사지낸다"라고만 기록했는데,『삼국지』에는 그러한 영신(迎神) 행위가 10월 국중대회, 즉 동맹 때에 행해진다고 자세하게 소개하였다. 귀족들이 비단옷에 건을 쓰고 참석했으며, 나무로 깎아 만든 신상(神像)을 동굴에서 모셔 내와 신좌에 앉혔다. 신상은 1년 내내 어두운 동굴 속에 모셔졌지만, 동굴이 해 뜨는 동쪽에 있었으니 아침마다 해가 비쳤을 것이다. 귀족들이 의관을 정제하고 다 모였다는 국중대회에서 수혈신을 모셨다면 당연히 건국신이었을텐데, 고구려 건국신이 하늘의 후손이었다는 사실이 이 시기의 역사서에 조금씩 기록되었다.

1. 옛시조 추모왕이 나라를 세웠는데, (왕은) 북부여에서 태어났으며, 천제(天帝)의 아들이었고, 어머니는 하백(河伯)의 딸이었다. 알을 깨고 세상에 나왔는데, 태어나면서부터 성스러웠다. … 길을 떠나 남쪽으로 내려가는데, 부여의 엄리대수를 거쳐 가게 되었다. 왕이 나루에서 "나는 천제의 아들이며 하백의 따님을 어머니로 한 추모왕이다. 나를 위하여 갈대를 연결하고 거북이 무리를 짓게 하라"고 하였다. 말이 끝나자마자 곧 갈대가 이어지고, 거북이 떼가 물 위로 떠올랐다. 그리하여 강물을 건너가서 비류곡 홀본 서쪽 산 위에 성을 쌓고 도읍을 세웠다. _「광개토왕비」

2. 고구려는 부여에서 나왔는데, 스스로 이렇게 말하였다. 선조는 주몽 (朱蒙)이고 주몽의 어머니는 하백의 딸인데, 부여왕에 의하여 방안에 갇혔다. 햇빛이 쬐어 와서 몸을 옮겨 피하자 햇빛이 따라왔다. 그런 뒤에 아이를 가지게 되어 알 하나를 낳았는데, 그 크기가 다섯 되쯤 되었다. 부여왕이 그것을 버려서 개에게 주자 개가 먹지 않았다. 돼지에게 주자 돼지도 먹지 않았다. 그래서 길에 버렸더니 소나 말도 피했다. 나중에 들판에 버리자 모든 새들이 털로 덮어주며 길렀다. 부여왕이 이 알을 깨어보려고 했지만 깨어지지 않아, 드디어 어미에게 돌려주었다. 어미가 이 알을 싸서 따뜻한 곳에 두었더니 한 아이가 껍질을 깨고 나왔다. 이름을 주몽(朱蒙)이라 불렀는데, 고구려 풍속에 주몽이라는 이름은 활을 잘 쏜다는 뜻이다.

부여 사람들은 주몽이 사람에게서 낳은 것이 아니어서 장차 다른 마음을 가질 것이라고 하여 없애자고 청하였지만, 왕이 듣지 않고 말을 기르게 하였다. 주몽은 항상 말이 좋고 나쁜 것을 가려서 좋은 말에게는 먹이를 줄여서 마르게 하고, 노둔한 말은 잘 먹여서 살찌게 하였다. 부여왕은 살진 말을 스스로 타고 마른 말을 주몽에게 주어서 들에 사냥하러 나갔다. 주몽이 활을 잘 쏜다 하여 화살을 하나만 주었는데, 주몽은 화살이 적어도 잡은 짐승이 많았다. 부여왕의 신하들이 그를 죽이려 하자, 주몽의 어머니가 이를 알아채고 주몽에게 말하였다. "나라에서 너를 해치려고 하니, 너의 재략(才略)으로 어디든 멀리 가거라."

주몽이 오인과 오위라는 두 사람과 부여를 떠나 동남으로 달렸는데, 중도에 큰 강물을 만났다. 건너려 해도 다리가 없었는데, 부여 사람들이 몹시 빨리 뒤쫓아 왔다. 주몽이 "나는 하늘의 아들이요 하백의 외손입니다. 오늘 달아나는데 쫓아오는 병사가 있으니 어찌하면 건

△ 평양에 고구려 시조 동명왕릉이라고 전해지는 큰 무덤이 있다. 기자릉은 조선시대에 세워졌기에 김동인의 소설 〈배따라기〉에도 나오지만, 단군릉이나 동명왕릉은 이름 없이 전해지던 큰 무덤을 북한 학자들이 발굴하여 단군과 동명왕의 능이라고 주장하며 개건비(改建碑)를 세웠다(한국일보 자료 사진). 나는 2005년 7월 25일에 '백두산-평양 국제학술토론회'를 마치고, 이튿날 동명왕릉과 그 옆에 있는 정릉사를 방문하였다.

널 수 있겠습니까?" 하자 물고기와 자라들이 나란히 떠올라 다리를 이루어 주몽이 건널 수 있었다. 주몽이 건너가자 물고기와 자라들이 풀려서 쫓아온 기병들은 건너지 못하였다. … 주몽은 홀승골성에 이르러 고구려라고 하였으며, 고(高)를 씨(氏)로 삼았다.

_ 『위서』(魏書) 「고구려전」

414년에 세운 「광개토왕비」는 돌에 글자를 새겼기 때문에 기록이 단순한데, 중국 남북조시대 북제(北齊)의 위수(魏收)가 551~559년에 편찬한 『위서』(魏書)는 백여 년 동안 많은 정보가 추가되어 자세하다. 선진국가 부여의 왕은 해모수(解慕漱)이니, 단군조선의 환웅(桓雄)을 이은 하늘(해)의 아들이어서 이들의 성도 '환'(하다)에서 '해'

로 이어진다. 농경사회 주민들에게 가장 필요한 것이 햇빛과 물이었으므로, 수렵시대 단군은 해의 손자에 그쳤지만, 농경시대 주몽은 해의 아들이자 물(河伯)의 외손자가 되었고, 어머니는 물가에 심은 버드나무가 되었다. 두만강 북쪽 부족들에게 버드나무는 생명의 나무였기에 신성시되었는데, 연길시 한가운데 흐르는 강 이름이 지금도 중국식 한자로 쓰지 않은 부르하퉁하(버드내)로 불리는 것도 이 때문이다. 주몽이 부여 군사들에게 쫓기다가 강물을 만나자 하늘 아버지에게 올린 기도는 이집트 군사들에게 쫓기다가 홍해 앞에서 여호와에게 부르짖던 모세와 유대민족의 기도를 연상케 한다.

3장
온 국민의 절반이
건국 신의 후손인 나라

우리나라의 창세신들

우리나라에도 함경도의 「창세가」(創世歌), 제주도의 「천지왕(天地王) 본풀이」 등의 창세신화가 전승되어 이 세상이 어떻게 만들어졌는지 말해주고 있다. 하늘과 땅은 처음 어떻게 만들어졌는지, 물과 불은 어떻게 만들어지고, 사람은 어떻게 태어났는지 ⋯ 손진태가 김쌍돌이라는 무당에게서 1923년에 채록한 「창세가」는 하늘과 땅이 생길 때에 거인 창세신 미륵신도 함께 생겨났다고 한다. 그는 하늘을 가마솥 뚜껑의 손잡이처럼 도드라지게 하고, 땅의 네 귀퉁이에 기둥을 세워 하늘과 땅을 갈라놓는 일부터 시작했다. 그러나 미륵신이 영원 전부터 존재하고 있어서 하늘과 땅을 창조한 것이 아니라 세상이 시작될 때에 함께 생겨났다고 했으니, 미륵신을 누가 만들었는지에 대한 설명은 없다.

미륵신은 물과 불의 근원까지 밝혀낸 뒤에 마지막으로 사람을 점지하였다. 한 손에는 금쟁반을 다른 손에는 은쟁반을 들고 하늘에 빌자, 금쟁반에 금벌레 다섯 마리, 은쟁반에 은벌레 다섯 마리가 떨어졌다. 그 벌레들이 자라서 금벌레는 남자가 되고 은벌레는 여자가 되어 서로 부부의 연을 맺었다. 이렇게 하여 미륵신이 주재하는 인간 세상이 만들어진 것이니, 미륵신은 창조신이 아니다.

태초 하늘에 해와 달이 두 개씩 떠 있어서 사람들이 살기 어려웠다. 사람들이 낮에는 뜨거워 죽고 밤에는 추워 죽었다. 하늘나라 천지왕이 해도 하나 달도 하나 먹는 꿈을 꾸고는 곧바로 지상의 총맹부인에게 천정가약을 맺으러 갔다. 총맹부인이 수명장자 집에 가서 쌀 한 되를 꿔다가 잔치상을 마련했는데, 수명장자가 섞어 넣은 흰 모래알을 천지왕이 씹었다. 벼락장군과 우레장군, 화덕장군을 보내 수명장자를 징벌한 천지왕은 총맹부인과 천정가약을 맺고 이렇게 말하였다.

아들 형제를 둘 것이니 큰아들은 대별왕, 작은아들은 소별왕이라
고 이름 지으라.

증표로 박씨 두 개와 얼레빗 한 짝을 주고, 천지왕은 땅에서 아들을 낳은 다른 신들처럼 하늘나라로 올라갔다. 형제가 열다섯 살이 되어 서당으로 글공부하러 다닐 때 남들이 호래자식이라고 놀리자 총맹부인이 아버지의 비밀을 알려주었다. 어머니에게서 받은 박씨를 심어 싹이 나고 줄기가 뻗어나가자, 가지를 타고 하늘나라로 올라간 형제가 얼레빗을 천지왕에게 내밀어 아들로 인정받았다. 천지왕이

천근 무쇠화살과 활 두 개를 주어 해에도 한 개, 달에도 한 개를 쏘아 없애게 하였다.

천지왕이 인간의 고통을 없애준 아들 형제에게 이승과 저승을 차지하라고 하자, 소별왕이 수수께끼 내기를 해서 이기는 자가 이승을 차지하자고 하였다. 두 번째 수수께끼까지 모두 진 소별왕이 마지막으로 꽃 피우기 내기를 하자고 하였다. 소별왕은 자는 척하고 있다가, 형이 잠들자 활짝 핀 형의 꽃을 자기 쪽으로 가져다 놓고 자신의 시든 꽃을 형 앞에 가져다 놓았다. 잠에서 깨어나 아우에게 속은 것을 알아챈 대별왕이 저승으로 떠났다. 그 뒤부터 인간 세상에는 괴로움이 가득하였다.

인간 세상을 다스리기 위한 창세신들의 투쟁

함경도의 「창세가」(創世歌)와 제주도의 「천지왕(天地王) 본풀이」가 우리나라의 대표적인 창세신화라고 할 수는 없지만 북쪽 함경도 끝에서 남쪽 제주도 끝까지 전승되어 왔던 것은 사실이다. 이 창세신화들은 우리가 사는 세상이 어떻게 창조되었는지를 말해주는 것이 아니라, 창세신 가운데 누가 인간 세상을 다스릴 것인지 투쟁하는 이야기이다.

「창세가」에는 석가신이 난데없이 나타나 "네 세월은 다 갔으니, 이젠 내 세월을 만들겠다"고 미륵신의 세상을 빼앗으려 하였다. 두 번이나 내기에 진 석가신이 얕은 잠을 자면서 미륵신의 무릎 위에 피어오른 모란꽃을 꺾어 자기 무릎에 꽂는 바람에 석가신이 다스리는 인간 세상이 말세가 되었던 것이다. 두 신화 모두 먼저 꽃을 피운 대별신이나 미륵신이 인간 세상을 다스렸더라면 아름다운 세상이 되었겠지만, 속임수를 쓴 소별왕과 석가신이 이승을 다스리게 된 바람에 괴롭고 더러운 세상이 되었다. 형제간의 내기는 언제나 능력이 떨어지는 아우가 속임수를 쓰게 마련인데, 팥죽 한 그릇으로 장자의 명분을 탈취한 야곱에게서도 그 모습을 찾아볼 수 있다.

공연에 등장하던 천상과 지하의 신들

단군신화나 고구려 주몽(동명왕) 신화 등의 건국신화와 「창세가」(創世歌)나 「천지왕(天地王) 본풀이」 등의 창세신화는 어느 것이 더 오래 되었는지 알 수 없다. 글자 그대로 본다면 당연히 창세신화가 더 오래 되었겠지만, 건국신화가 5세기에 세워진 광개토왕비나 13세기에 간행된 『삼국유사』보다 더 오래된 것에 비해 창세신화는 백년 이전의 기록이 없어 언제부터 전승되었는지 확실하게 알 수가 없기 때문이다.

한국인들은 천지신명(天地神明)이라는 말을 많이 쓰는데, 하늘과 땅의 조화를 맡은 온갖 신령, 즉 누군지 알 수 없는 잡다한 신들을 가리킨다. 기록에 의하면 문인들만 이 말을 쓴 것이 아니라 『고려사』나 『조선왕조실록』에서도 자주 쓴 말이니, 국가적인 행사에서도 천지신명에게 빌었음이 확실하다. 조선 건국의 주역인 태종이 개국공신들과 서약한 글에서도 천지신명에게 맹세했거니와, 기우제도 천지신명에게 빌었고, 부처에게 절하는 것을 배격했던 유학자들도 천

지신명에게는 빌었다. 그러
니 효녀 심청이가 아버지의
눈을 뜨게 해달라고 새벽마
다 천지신명에게 빈 것은 당
연했다.

　단군조선의 신앙 형태는
곰네가 신단수 아래에서 사
람이 되게 해 달라고 빌었던
짧은 기도 밖에 없다. 그 다
음에는 단군이 한(漢)나라 세
력에 밀려 몇 차례 도읍을 옮
겨 다니다가, 마지막에는 아
사달에 들어가 산신(山神)이
되었다고 한다. 환웅 천왕,

△ 산신도

즉 천신의 아들이 이제부터는 산신, 즉 땅의 신이 된 것이다. 불교
사찰이 대부분 경치가 좋은 곳, 풍수가 좋은 곳에 자리 잡았는데, 사
찰이 세워지기 전에는 그곳에 단군신앙 계열의 산신당(山神堂)이 있
었을 것이라고 생각하는 학자들이 있다. 실제로 대부분의 사찰에서
대웅전 뒤에는 산신당이 있다. 산신 그림에는 산신령 옆에 호랑이가
지키고 있어, 단군 신상이 오랜 세월에 걸쳐 변형되었음을 짐작할 수
있다.

　고구려 주민들도 천신을 땅굴에 모셔놓고 제사하였다. 3세기에
편찬된 중국 기록『한원』이나『삼국지』「위지 동이전」에 보면 10월
국중대회 때에 수혈신(隧穴神)을 맞이하여 동쪽 물가에 신상(神像)

을 안치하고 제사지냈다고 하였다. 어두운 동굴에 모셨던 신을 국중 대회 때에 해가 뜨는 동쪽 물가로 모셔 내와 제사지낸다는 말은 신상 앞에서 춤추고 노래 부르며 신을 즐겁게 해주었다는 뜻이다. 「창세 가」나 「천지왕 본풀이」가 모두 무당이 자신이 모시는 신의 유래를 설명하는 본풀이인 것처럼, 고구려의 제사장도 국중대회에 모인 무리들에게 당연히 고구려 건국신화를 들려주었을 것이다. 동쪽 물가 에서 지사지낸 것을 보면 신상은 당연히 하백(河伯)의 딸 유화(柳花) 와 그의 아들 주몽일 것이다.

춤추고 노래 부르는 무당의 굿이 일종의 공연인 것처럼, 고구려 국중대회도 방대한 규모의 공연이었으며, 이 공연의 절정은 신비하 게 태어난 주몽이 어떻게 강물을 건너 새로운 땅에 나라를 세웠는지 보여주는 과정이다. 국중대회는 일종의 원시종합예술인데, 결혼하 지 않은 유화가 물가에서 하늘의 아들 해모수를 만나 (또는 방안에서 햇빛에 쬐어) 아들을 낳는 이야기는 예수의 탄생 기록과 비슷하다. 교 회에서 오랫동안 해마다 성탄절에 예수 탄생 연극을 공연하여 교인 들에게 보여주었던 것처럼, 국중대회에서도 압록강이라고 짐작되는 큰 강가에서 건국신의 탄생과 건국 과정을 공연했다.

하늘의 아들 주몽의 기도

기독교인들에게 「출애굽기」에서 가장 인상적인 장면을 말해보 라고 하면, 대부분 모세가 십계명을 받는 장면과 바다를 둘로 갈라서 건너는 장면을 떠올린다. 영화로 말하자면 뒤에서 바로왕의 대군이 추격하는데 바다가 앞에 가로막히자 관중들의 숨도 잠시 막히지만, 모세가 바다 위로 손을 내밀어 바다가 둘로 갈라지는 순간 관중들도 안도의 숨을 내쉬고 카타르시스를 느끼게 된다.

『삼국유사』「고구려」에는 주몽의 기도를 이렇게 기록했다.

(금와)왕의 여러 아들이 장차 주몽을 죽이려 하자 주몽의 어미가 이를 알고 그에게 깨우쳐 주었다. '나라 사람들이 장차 너를 해치려 하니, 네 재주로 어디 간들 못 살겠느냐. 빨리 떠나도록 하여라.' 이에 주몽이 오이(烏伊) 등 세 사람을 친구 삼아 길을 가다가 엄수에 이르자 물에게 이렇게 고했다. "나는 천제의 아들이고 하백의 손자입니다. 오늘 도망하는 중인데 쫓아오는 자들이 거의 따라잡게 되었으니, 어찌하면 좋겠습니까?"
그러자 물고기와 자라들이 다리를 이루어 건너가게 한 뒤에 다리가 풀어졌다. 그래서 쫓아오던 기병들이 건너지 못했다. 졸본주에 이르러 도읍을 열었는데, 미처 궁전을 지을 겨를이 없어 다만 비류수 위에 집을 얽고 살면서 나라 이름을 고구려라 했다. 이로 인하여 고(高)를 씨(氏)로 삼으니, 그때 나이가 12세였다.

주몽(朱蒙)은 이 지역 말로 '활을 잘 쏘는 사람'이라는 뜻이다. 우리는 주몽과 동명왕(東明王)이 같은 사람이라고 생각하지만, 처음부터 그랬던 것은 아니다. 동명도 활을 잘 쏜다는 뜻이지만 선발 국가 부여(夫餘)의 왕이었고, 주몽이 세운 고구려는 후발 국가이다. 이 두 사람의 공통점은 활을 잘 쏜다는 점과 햇빛, 또는 해모수라는 아버지를 통해 기이하게 태어났다는 점이다. 『삼국유사』「고구려」의 기사는 "고구려는 바로 졸본부여이다"라는 문장으로 시작된다. 졸본부는 요동 경계에 있던 지역인데, 해모수와 유화 사이에서 태어난 주몽이 동부여 왕인 의붓아버지 금와왕에게서 자라다가 이복형제들의 시기와 질투 때문에 큰 강을 건너 개국한 지역 또한 동부여의 끝자락 졸본주였다. 그랬기에 『삼국유사』에서 그곳을 '졸본부여'라고 기록한 것이다.

어머니를 땅의 신으로 모시고 제사하다

주몽은 해모수, 또는 햇빛의 아들이니 신비한 존재이지만, 어머니 유화(柳花)는 땅의 여인일 뿐이고 처음부터 신은 아니었다. 게다가 다른 나라인 동부여 금와왕의 부인이 되었기에, 새로 세워진 고구려 땅에는 와 보지도 않았다. 그러다가 동부여에서 세상을 떠나자, 주몽이 사신을 보내어 국모(國母)로 받들며 제사하였다. 유화는 이름 자체가 곡식, 땅을 상징하기도 하지만, 아버지 해모수가 아들을 임신케 하고 떠나버린 뒤에 주몽을 혼자 훌륭하게 키우며 집안을 일으키고 민족을 일으킨 국모로 받들어진 것이다.

1. 가을 8월에 왕모 유화가 동부여에서 죽었다. 그 나라 금와왕이 태후의 예로써 그녀를 장사지내고, 신묘(神廟)를 세웠다. 겨울 10월에 (동명왕이) 사신을 부여에 보내 방물을 바치고, 그 덕에 보답하였다.
   _『삼국사기』「고구려본기 동명성왕」14년(BC 24)
2. 겨울 10월에 왕이 부여에 행차하여 태후묘에 제사지내고, 백성 가운데 곤궁한 자를 위로하며 물건을 차등 있게 내려주었다.

_『삼국사기』「고구려본기 태조대왕」 69년(121)

이 기록을 보면 고구려에서는 초기에 국모 유화의 사당을 고구려에 따로 세우지 않고 동부여에 가서 제사하였다. 당시까지는 동부여가 이 일대의 선발 국가이자 강대국이었으므로, 모국이라는 연결고리를 내세워 우호적으로 지낸 듯하다. 광개토왕비에는 주몽을 추모왕(鄒牟王)이라 기록했는데, 나중에 부여가 자연스럽게 고구려에 합병되자 주몽이 부여 출신임을 내세워 부여의 시조 동명왕(東明王)이라는 이름을 가져왔으며, 『삼국사기』에는 처음부터 고구려 시조를 동명성왕이라고 표기하였다. 이들 모자는 고구려가 망할 때까지 신으로 받들어졌으니, 『삼국사기』「고구려본기 보장왕」 5년(646) 기사에 "동명왕모(東明王母)의 소상(塑像)이 3일 동안 피눈물을 흘렸다"라는 구절만 보아도 확인할 수 있다. 유화는 곡식과 수목을 번성케 해주는 땅의 신이었다.

주몽의 아들 나라 백제에서도 국모를 제사하다

신화를 바탕으로 한 역사 속에서는 백제도 또한 고구려의 한 줄기이다.

백제의 시조는 온조왕(溫祚王)이며, 그의 아버지는 추모(鄒牟) 혹은 주몽(朱蒙)이라고 한다. 주몽은 북부여에서 난리를 피하여 졸본부여로 왔다. 졸본부여 왕은 아들은 없고 딸만 셋이 있었는데, 주몽이 뛰어난 인물임을 알고 둘째 딸을 그의 아내로 삼았다. 얼마 뒤에 부여왕이 죽자 주몽이 왕위를 이었다. 주몽이 아들 둘을 낳았는데, 맏이는 비류(沸流)이고 둘째는 온조이다.

주몽이 북부여에 있을 때 낳은 아들이 찾아오자, 주몽이 그를 태자로 삼았다. 비류와 온조는 태자에게 받아들여지지 않을 것을 두려워하여 오간(烏干), 마려(馬黎) 등 10명의 신하들과 남쪽으로 떠났는데 따르는 백성이 많았다. 드디어 한산(漢山)에 이르러 부아악(負兒嶽)에 올라 살만한 땅을 찾아보았다.

비류가 바닷가에 거처를 정하려고 하자 10명의 신하가 말하였다. "이 하남의 땅은 북쪽으로는 한수(漢水)가 흐르고, 동쪽으로는 높은 산이 둘러있으며, 남쪽으로는 비옥한 들판을 바라보고, 서쪽으로는 큰 바다로 가로막혀 있으니 얻기 어려운 요새라고 할 수 있습니다. 이곳에 도읍을 정하는 것이 좋지 않겠습니까?"

비류가 듣지 않고 백성을 나누어 미추홀(弥鄒忽)로 가서 살았다. 온조는 하남(河南) 위례성(慰禮城)에 도읍을 정하고 10명의 신하를 보필로 삼고 나라 이름을 십제(十濟)라고 하였다. 이때가 전한(前漢) 성제(成帝) 홍가(鴻嘉) 3년(BC 18) 이었다. 비류는 미추홀의 땅이 습기가 많고 물이 짜서 편안히 살 수가 없었다. 위례성으로 와서 도읍이 안정되고 백성들이 편안히 지내는 것을 보고는 후회하다가 죽었다. 비류의 백성들이 모두 위례성으로 돌아왔다. 온조가 처음 올 때 백성이 즐겨 따라왔기 때문에 나라 이름을 백제(百濟)로 고쳤다. 온조의 조상은 고구려와 같이 부여에서 나왔으므로 성씨를 부여(扶餘)로 하였다.

『삼국유사』에는 「북부여」, 「동부여」, 「고구려」 뒤에 「변한·백제」

기사를 짧게 실었는데, 『삼국사기』에는 위와 같이 자세하다. 이 기록은 민족의 대이동을 보여준다. 북부여에 남겨둔 아들이 졸본부여로 내려오자 주몽은 그 아들 유리를 태자로 세웠으며, 졸본부여에서 태어난 아들 비류와 온조는 다시 한강 유역으로 내려와 새로운 나라 백제를 세웠다. 새로운 왕조 백제가 성씨를 '부여'로 삼은 것은 민족의 근원을 기념하기 위한 것이다.

본문에는 비류와 온조 형제가 내려올 때에 어머니를 모셔왔다는 기록이 없지만, 김부식은 "(졸본 여인)소서노가 고구려를 세우는데 내조가 많았기 때문에 주몽이 그를 사랑하였다"라는 일설을 작은 글자로 기록했으며, 비류가 온조에게 "처음에 대왕(주몽)께서 이곳으로 도망해 오자, 어머니가 집안의 전 재산을 내놓아 나라의 기틀을 다지는 데에 공이 많았다. 대왕이 돌아가시고 나라는 유류(유리)에게 돌아갔으니 우리가 여기 남아 답답하게 지내기보다는 어머니를 모시고 남쪽으로 가서 좋은 땅을 찾아 따로 나라를 세우는 것이 낫겠다"라고 제안했다는 기록도 남겼다.

백제 온조왕 13년(BC 6) 2월에 왕모 소서노가 61세로 세상을 떠나자 4년 뒤에 사당을 세워 국모를 제사하였다. 사당을 세워 국모로 제사하였다는 기록은 소서노가 단순히 온조의 어머니라는 점 이외에 개국 과정에서 나라를 안정시킨 공이 인정되었거나, 백성들이 그를 존경하였다는 뜻이기도 하다. 소서노가 죽은 지 석 달 뒤에 온조왕이 "국모가 나라를 지켜주지 않아 형세가 안정되지 않으니, 반드시 나라를 옮겨야겠다"라고 신하들에게 말했다는 『삼국사기』의 기록이 이를 뒷받침한다.

이후에 소서노의 사당에 제사지낸다는 기록은 따로 보이지 않지만, "천지(天地)에 제사 지낸다"라는 기록은 자주 보인다. 고구려에서 유화를 부여족 전체의 여신으로 승격시켰다면, 백제에서는 소서노를 남부여의 여신으로 모시고, 천신(해)과 함께 제사지냈다. 건국 시조를 천신(해)로, 국모를 지신(땅, 곡식)으로 제사하던 삼국시대의 신앙은 후대에 자연스럽게 종묘(宗廟)와 사직(社稷)이라는 유교식 개념으로 바뀌게 된다. 종묘는 건국 시조가 더 이상 신이 아니라 한 나라, 또는 한 집안의 조상으로 제사지낸다는 뜻이며, 사직은 사(社, 토지신)와 직(稷, 곡식신)을 합한 개념이니 유화, 소서노를 거친 국모 신앙이 유교 개념으로 바뀌었음을 보여준다. 고구려 왕족 고씨나 백제 왕족 부여씨는 인구가 많지 않지만, 신라 왕족 경주(강릉) 김씨와 박씨, 신라 귀족 이씨, 최씨, 손씨, 정씨, 배씨, 설씨, 가야 왕족 김해 김씨와 김해 허씨, 양천 허씨의 인구를 합하면 전 국민의 절반 가깝다. 신화 속에서 태어난 신라 시조 박혁거세나 가야 시조 김수로가 이제는 신이 아니라 한 문중의 시조로 제사지내지만, 우리 국민들은 여전히 신화 속에 사는 셈이며, 그만큼 외부에서 새로 들어오는 신도 거부하지 않고 받아들이는 잠재의식이 깃들어 있다.

4장
희생의 여성 신 바리데기

한국인이 모시던 신으로는 창세신, 건국신, 조상신 다음으로 병을 고쳐주는 신과 저승으로 인도하는 신이 있는데, 종류상으로도 가장 많고, 지금까지도 여러 지역에서 무당에 의해 이 신들을 즐겁게 모시는 굿들이 전승되고 있다. 이 가운데 「바리데기(바리공주)」는 딸 많은 오구대왕에게 버림받은 막내딸 바리데기가 죽게 된 부모(또는 아버지나 어머니)를 찾아 와서 약수(藥水)를 구해 오기를 자청하고, 온갖 고생을 겪고 자신의 몸을 희생하면서 서천 서역국까지 가서 환생(還生)의 약수를 얻어다가 죽은 부모를 회생시키는 무당노래이다.

여신의 나라 한국

바리공주뿐만 아니라, 한국은 여신이 많은 나라이다. 단군의 어

△ 바리공주 복장을 한 서울 무녀(巫女)_국립민속박물관
석남 송석하 자료, 공공누리

머니 곰네(웅녀)는 여신이라고 기록되지 않았지만 실제로 한 민족을 만들어 낸 여신이었는데, 그 이후의 국모들은 당대에 이미 여신으로 믿어졌다. 고구려에서는 건국신 주몽과 함께 그의 어머니 유화를 신으로 모셨으며, 고구려의 뿌리였던 부여, 가지였던 백제에서도 유화는 신으로 모셔졌기에 사당을 세워 제사하였다.

신라에서는 시조 박혁거세의 어머니를 선도산 성모(聖母)로 모시고 제사하였다. 경상북도 경주시 선도산의 여 산신인 선도산 성모에 관한 신화는 『삼국사기』와 『삼국유사』부터 조선시대 김종직의 문집을 거쳐 서정주의 시에 이르기까지 오랫동안 전승되었다.

시조는 성이 박 씨(朴氏)이고, 이름은 혁거세(赫居世)이다. … 이보다 앞서 조선의 유민들이 산과 골짜기에 나뉘어 살면서 6촌을 이루었다. … 고허촌장 소벌공(蘇伐公)이 양산의 기슭을 바라보니 나정(蘿井) 옆의 숲 사이에 웬 말이 꿇어앉아 울고 있었다. 다가가서 보자 홀연히 사라져 보이지 않고 큰 알만 하나 있었다. 알을 가르자 그 속에서 한 어린아이가 나오기에 거두어 길렀다. 나이 10여 세가 되자 뛰어나게 숙성하였다. 6부의 사람들이 그가 신비하게 태어났다고 하여 받들어 높이다가, 이때 와서 그를 옹립해 임금으로 삼았다. 진한 사람들은 호(瓠)를 박(朴)이라고 하는데, 그가 처음 나온 큰 알이 박과 같은 모양이었기에 성을 박씨로 하였다.
_『삼국사기』 권1 「신라본기 1 시조 혁거세 거서간」

김부식이 편찬한 『삼국사기』는 정사(正史)이기 때문에 본기(本紀) 28권, 연표(年表) 3권, 잡지(雜志) 9권, 열전(列傳) 10권, 전체 50권의 체제로 구성되었는데, 기전체(紀傳體) 역사서에서는 왕조의 편년사라고 할 수 있는 본기가 가장 큰 비중을 차지한다. 그러나 신라시조 혁거세왕 본기에는 선도성모가 보이지 않는다. 김부식도 선도성모의 존재는 알고 있었는데, 신라가 망해가는 시기에 이르러서야 비로소 그 존재를 소개하였다.

신라의 박 씨와 석 씨는 모두 알에서 태어났으며, 김 씨는 금궤에 들어 있다가 하늘로부터 내려왔거나 금수레를 타고 왔다고 하니, 이는 너무 괴이하여 믿을 수 없다. 그러나 세상에서는 이 이야기가 대대로 전해 내려와 사실로 알려져 있다.
정화 연간에 우리나라에서 상서 이지량을 송나라에 보내 조공할 때에 신(臣) 부식(富軾)은 글 쓰는 임무를 맡아 도와주러 갔다. 우리가 우신관(佑神館)에 이르렀을 때 마루 한 편에 선녀의 화상을 걸어놓은 것이 보였다. 숙소에서 접대를 맡은 학사 왕보(王黼)가 "이는 귀국의 신인데, 공들은 이 신을 아시오?"라 하고는 이어서 말하였다. "옛날에 어떤 제왕의 딸이 남편 없이 임신하자 남들에게 의심을 받게 되었소. 그 여인이 바다를 건너 진한(辰韓)으로 가서 아들을

낳았는데, 이 아들이 해동의 첫 임금이 되었고, 제왕의 딸은 신선이
되어 영원히 선도산에 살게 되었소. 이것이 바로 그 여인의 화상이
라오."

나는 또 송나라 사신 왕양(王襄)이 지은 동신성모(東神聖母)를 제
사하는 글에 "어진 사람을 낳아서 나라를 세웠다"라는 구절이 있는
것을 보고, 이 동방의 신이 바로 선도산의 신성임을 알게 되었다.
그러나 그 선녀의 아들이 언제 왕 노릇을 하였는지는 알 수 없다.

_『삼국사기』 권12 「신라본기 12 경순왕」

김부식은 현실적인 유학자였으므로 신라의 세 시조가 신비롭게
태어났다는 사실을 믿을 수 없었다. 그러나 세상 사람들은 그렇게 믿
고 있기에 "사실로 알려져 있다"라고만 언급하였다. 송나라에 사신
으로 갔다가 우신관 선녀 화상을 보고 학사 왕보에게서 "진한에 가서
아비 없는 자식을 낳아 해동의 첫 임금이 되었다"는 사실을 듣고도,
그게 누구인지는 설명하지 않았다. 그러다가 왕양이 지은 제문에서
"나라를 세운 아들을 낳았다"는 구절을 보고, 그렇다면 이 여인이 바
로 세상 사람들이 알고 있던 선도성모(仙桃聖母)임을 깨달았다. 그
러나 우신관의 선녀상이라든가 개성에 있는 동신성모(東神聖母)가
바로 선도성모(仙桃聖母)라는 사실을 알려준 사람은 아무도 없었다.
김부식 자신이 이미 선도성모(仙桃聖母)의 존재를 알고 있었던 것인
데, 우신관 선녀가 바로 해동 첫 임금을 낳은 국모(國母)라는 말을 듣
고서, 그렇다면 이 여인이 바로 선도성모(仙桃聖母)라고 인정한 것이다.

김부식은 선도성모(仙桃聖母) 이야기를 왜 신라가 시작하는 시기
의 「혁거세 본기」에서 쓰지 않고, 신라가 망한 시기의 「경순왕 본기」

에서 언급했을까? 위에 소개한 『삼국사기』의 기록은 성격이 다르다. 「시조 혁거세」는 본기의 사실이고, 「경순왕」은 본기의 사론(史論) 부분이다. 따라서 이 기록 바로 앞에 "논왈"(論曰)이라는 두 글자가 있는데, 김부식이 『삼국사기』를 편찬할 때에 주로 인용한 구삼국사(舊三國史)나 고기(古記)에는 이런 기록이 없지만, 세상 사람들이 믿으며 전하는 선도성모(仙桃聖母) 신화에도 진실이 깃들어 있으니 살펴보라는 뜻이다.

> 옛날 진한 땅에 여섯 촌이 있었다. … 전한(前漢) 지절 원년 임자(BC 69) 3월 초하룻날에 6부의 시조들이 각기 자제들을 거느리고 알천 언덕 위에 함께 모여 의논했다.
> "우리들 위에 임금이 없어 뭇 백성을 다스리지 못하니, 백성들이 모두 방일(放逸)해져서 제멋대로 행동하고 있다. 그러니 덕 있는 사람을 찾아 임금으로 모시고 나라를 세우며 도읍을 정하는 것이 좋지 않겠는가?"
> 그리고 높은 곳에 올라 남쪽을 바라보자 양산 아래 나정 옆에 이상한 기운이 마치 번개 빛처럼 땅에 드리워지고, 흰 말 한 마리가 꿇어앉아 절하고 있는 모습이 보였다. 그곳을 찾아가 보았더니 붉은 알 한 개가 있었는데, 말이 사람을 보고는 길에 울면서 하늘로 올라갔다. 그 알을 쪼갰더니 생김새가 단정하고 아름다운 어린 사내아이가 있었다. 놀라고 이상스럽게 여기며 동천(東泉)에 목욕시켰더니 몸에서 광채가 났다. 새와 짐승들이 따라서 춤추고, 천지가 진동했으며, 해와 달이 청명해졌다. 그래서 혁거세(赫居世)라 이름하고, 직위의 칭호를 거슬한(居瑟邯)이라 했다.
> _『삼국유사』 권2 「신라시조 혁거세왕」

『삼국유사』에 실린 신라 시조 박혁거세 탄생 신화에도 어머니가 없다. 그가 인용한 공식 기록에는 혁거세가 부모 없이 태어난 알로 기록되어, 곰네에게서 사람으로 태어난 단군이나 유화에게서 태어난 주몽보다 더 신비하다. 그러나 『삼국유사』의 저자 일연(一然)도 이 기록이 부자연스러웠는지, '혁거세'라는 이름 옆에 자신의 의견을 작은 글자로 덧붙였다.

> (혁거세는) 아마도 우리말일 것이다. 혹은 불구내왕(弗矩內王)이라고도 했으니, 세상을 밝게 다스렸음을 말한다. 어떤 사람은 말하기를 "혁거세는 서술성모(西述聖母)가 낳았다. 중국 사람들이 선도성모(仙桃聖母)를 찬양하면서 '어진 이를 낳아서 나라를 시작했다'고 말하는 것도 이 때문이다"라고 했다. 그렇다면 "계룡(鷄龍)이 상서로운 징조를 나타내어 알영을 낳았다"고 하는 것도 서술성모가 나타난 것이 아니었을까?

『삼국사기』 권32 「제사지」에 소사(小祀)가 24곳 실려 있는데, 이 가운데 마지막 사당이 바로 서술(西述)이다. '모량(牟梁)'이라고 주를 붙였으니, 경주 서악(西岳)이 분명하다. 일연은 『삼국유사』 제7 「감통(感通)」 첫머리에 「선도산 성모가 불사를 좋아하다」(仙桃聖母隨喜佛事)라는 기록을 실었는데, 진평왕 때에 안흥사를 수리하려는 비구니 지혜의 꿈에 나타나 재물을 도와주며 불상을 그리게 했다고 한다. 일연이 채록한 향가가 대부분 불사(佛事)와 관련 있는 것처럼, 선도성모 이야기도 안흥사 수리에 연결되어 있기에 『삼국유사』에 채록한 것이다.

아버지 없이 낳은 아들이 왕이 되어 어머니를 신으로 모시다

김부식 기록의 핵심은 아버지 없는 아이를 임신한(不夫而孕) 여인이 바다 건너 신라에 와서 아들을 낳아 나라를 세웠다는 것과 아들이 왕이 되자 어머니도 신으로 받들어졌다는 것이다. 고구려 신화에서는 해모수라는 태양신이 아버지로 등장하지만, 신라 신화에는 아예 아버지가 없다. 원시사회는 모계사회여서 어머니의 존재만 확실하게 알 수 있다. 삼국이 모두 시조의 아버지는 신으로 받들지 않고 어머니만 신으로 받드는 전통이 이어졌다. 천주교에서 마리아만 성모(聖母)로 받들고 요셉을 성부(聖父)로 받들지 않는 것과도 유사하다. 경주 선도산 마애삼존불 앞에는 지금도 선도성모에게 제사하는 성모사(聖母祠)가 남아있다.

한국의 여신은 건국 시조의 어머니, 권력을 만들어낸 여신만 있는 것이 아니라 자신을 희생하여 부모를 살려 신격(神格)을 얻은 여인도 있다. 전국에 걸쳐 가장 많이 전해지는 무당노래 「바리데기」의 주인공은 지금까지도 무당들에게 사랑받는 여신이다.

버림받은 딸이 이승과 저승을 돌아다니며 약수를 구해 부모를 살리다

「바리데기」는 죽은 사람의 영혼을 위로하고 저승으로 인도하기 위해 베풀어지는 사령제(死靈祭)에서 구연되는 무당노래이다. 서울 중부, 동해안, 호남, 함경도 등의 지역에 따라 줄거리가 조금씩 달라지지만, 20세기 후반에 들어서만도 20여 종이 채록될 정도로 생명력이 있다. 이들 노래의 공통적인 이야기는 아래와 같다.

1. 대왕이 길일을 얻기 위해 점을 치다
2. 올해에 혼인하면 일곱 공주를 낳고, 내년에 혼인하면 세 왕자를 낳는다는 점괘를 얻다.
3. 왕이 성급히 혼인하여 여섯 딸을 낳다.
4. 상서로운 태몽을 꾸면서 왕자를 기대했지만, 일곱째 공주가 태어난다.
5. 아들을 기다렸던 대왕 부부는 막내딸을 버린다.
6. 바리공주는 비리공덕 할아비와 할미에게 구출되어 키워진다.
7. 부모(또는 아버지나 어머니)가 병이 든다.
8. 청의동자가 찾아와 '바리공주를 버린 벌로 병이 들었다'고 알려 준다.
9. 바리공주를 찾아 신선세계 약수를 마셔야 나을 수 있다고 알려 준다.
10. 부모가 기른 딸들은 모두 약수 길어 오기를 거절한다.
11. 막내딸 바리데기가 약수 있는 곳에 가서 약값으로 많은 고된 일을 한다.
12. 막내딸이 약수를 얻어 가지고 와서 이미 죽은 부모를 살린다.
13. 막내딸 바리데기가 그 공으로 신격(神格)을 받는다.

지역마다 사람들의 이름이나 줄거리가 조금씩 다른데, 서울 배경 재본에 의하면, 바리공주는 부모의 병을 고치기 위해 약수를 얻으러 험난한 여행길에 올랐다. 저승세계를 지나 신선세계에 이르렀지만, 약수를 지키는 무장승이 바리공주에게 인간으로서는 감당키 어려운 조건을 내세웠다. 나무 심부름 3년, 물 긷기 3년, 불 때기 3년을 하고 무장승의 아들 일곱을 낳아준 뒤에야 약수를 얻어 집에 돌아왔다. 왕이 이미 죽어 장례를 치르려고 할 때에 바리공주가 돌아왔는데, 왕은 바리공주가 가져온 약수를 마시고 다시 살아났다. 왕이 자신을 살려준 딸에게 원하는 것을 묻자, 바리공주가 신이 되기를 원하였다. 바리공주는 사람들을 천도하면서 저승을 다스리는 오구신이 된다. 그 뒤부터는 죽은 사람의 넋을 저승으로 보낼 때에 무당이 오구를 불렀다. 망자가 저승에 혼자 가는 것이 아니라 바리공주가 인도해준다고 유족들을 위로하는 것이다.

◁ 경성 서교 할미당에서 초혼 무제를 할 때에 송석하 선생이 찍은 바리공주 _ 국립민속박물관, 공공누리

희생하는 여신을 통해 위로받다

「바리데기」는 진오기굿, 오구굿, 씻김굿 등의 사령제에서 저승신의 유래를 서술하는 무당노래인데, 죽음에서 다시 살아나기를 바라는 유족들의 마음, 죽음과 동시에 망자가 이승과는 단절되어야 한다는 사람들의 마음의 이중적 심리가 함께 반영되어 있다. 이 무당노래는 심청이가 자신의 몸을 희생시켜 눈먼 아버지의 눈을 뜨게 하는 소설 「심청전」과도 주제가 통한다.

심청이가 아버지의 눈을 뜨게 한 덕으로 왕비가 된 것에 비해, 바리데기는 아버지의 목숨을 구해 신이 되었다. 소설 「심청전」이나 판소리 「심청가」는 독자나 청중을 즐겁게 하는데, 무당노래 「바리데기」는 굿판에서 춤추고 노래하며 신을 즐겁게 하고 유가족의 슬픔을 달래준다는 점 또한 다르다.

버림받고 임신하여 출산하는 여성의 수난과 희생

「바리데기」는 요즘도 여러 지역에서 굿을 통해 구연되는데, 1996년 전라북도 부안군 보안면에서 채록된 「시왕풀이」를 통해서 최근의 「바리데기」 모습을 확인할 수 있다. 시왕은 저승세계를 다스리는 신인데, 자신이 살던 신의 세계에서 인간의 세계로 내려와 바리데기를 낳는다. 박현국의 논문 「바리데기(시왕풀이) 무가 고찰」(『비교민속학』 15집, 1998)에 부안본 「시왕풀이」가 실려 있다.

부안에서 채록된 「바리데기(시왕풀이)」의 열세왕(시왕)은 어른의 모습이 아니라 '홍의 홍등 곤륜포'로 치장한 한 살배기 갓난아기로 지상에 내려와 열일곱 살에 혼인한다. 마누라가 아홉 번째에도 딸을 낳자 '버러질러 버러데기 대저질러 대저데기' 하며 시궁창, 마구간, 동지섣달 설한풍에 내어버리지만 그때마다 살았다. 일곱 살이 되자 집에서 내쫓았다. 열세왕의 마누라가 병이 들자 스님이 수양산의 약수가 필요하다고 가르쳐 주었지만, 여덟 딸이 모두 핑계를 대며 거절하였다. 수양산은 산 넘고 물 건너 있는 곳이어서 칠성신이 요구하는 길 값으로 3년간 일하고, 산신님의 산 값으로 3년간 머슴 살며, 사해 용왕님의 물 값으로 다시 3년간 머슴을 살았다. 세 신에게 9년 동안 헌신하고서야 수양산에 도착해 약수를 얻었다.

부안에서 채록된 「바리데기(시왕풀이)」에선 바리데기가 약수를 지키는 신에게 자식을 낳아주거나 신이 되는 이야기가 보이지 않는다. 죽은 어머니의 입에 약수 한 술을 떠 넣으니 몸의 맥이 돌아오고, 두 술을 떠 넣으니 목 안의 숨이 타오르고, 삼세번을 떠 넣으니 대추 맥이 돌아왔다. 어머니는 바리데기가 자신을 살려준 것을 알고 효녀라고 칭찬하였다. 옥황상제가 명복을 점지하고, 산신님께서 오복 수복을 점지하고, 사해 용왕님께서 물왕지 대복을 점지하여 좋은 배필 만나 백년해로하며 아들 딸 낳고 잘 살았다고 한다. 21세기를 앞두고 바리데기도 더 이상 신격을 얻기 어려웠던 것인가?

삼신할망은 아기를 낳지 못하는 여인들에게 아기를 낳게 해주는 생명의 여신이었지만, 바리공주는 원하지 않은 아기를 낳는 수난과 희생을 통해 여신이 되었다. 20세기에 채록된 대부분의 「바리데기」에는 약수를 지키는 신(사람)에게 아들 딸 낳아준 뒤에야 약수를 얻는다. 원하지 않는 임신과 출산 뒤에야 부모를 살린 것인데, 바리데기가 딸(여성)이었기에 겪은 희생이다. 아들이었다면 버리지도 않았을 뿐더러, 임신과 출산을 요구하지도 못했을 것이다. 무서운 저승세계의 여행, 9년 동안의 노동, 임신과 출산이 모두 자기희생과 헌신이었는데, 그러한 희생을 통하여 바리데기는 자기의 부모를 살렸을 뿐만 아니라 이승에서 저승으로 가는 망자들의 길을 인도하는 여신이되어 유족들의 슬픔과 두려움을 달래주었다.

제 2 부

이야기에서
노래로

5장
구원을 찾아 먼 길 떠나는
천로역정의 번역과 그림

　나는 어렸을 때에 여름방학이 되면 백령도에서 목회하고 계신 할아버지 댁에 방학숙제 삼아 『천자문』을 끼고 놀러갔다. 할아버지는 1889년생이어서 당연히 서당에서 한문을 배우신 세대인데, 나의 고조부가 세우신 서당 훈장은 갑신정변에 참여했다가 서울에서 백령도 중화진으로 유배온 김성진 진사였다. 할아버지가 서당에 가면 훈장 어른이 늘 허리를 구부리고 마룻바닥에 엎드려 계셔서 "배가 아픈가 보다" 생각하셨다는데, 나중에 알고 보니 바로 기도하는 모습이었다. 선교사나 전도사도 없는 상황에서 그런 식으로 교회가 시작된 것이 1896년에 세워진 중화동교회이다. (『고종실록』 1906년 1월 18일 기사에 김성진이 석방되는 소식이 실려 있다.) 할아버지는 당연히 한문과 신학을 함께 배우셨기에, 내가 대학생 시절에 82세 고령으로 마지막 개척하셨던 동암교회에서 설교하실 때에도 『논어』, 『맹자』 이야기를 자주 예로 들어 성경을 설명하셨다.

환등으로 보았던 『천로역정』

　도시에 살다가 섬에 놀러 갔던 나에게는 산과 바다 자체가 재미있고 신기해서, 방학숙제로 가져갔던 『천자문』은 잊어버리고 여름방학을 정신없이 보냈다. 그 가운데 잊히지 않는 추억 가운데 하나가 환등으로 본 『천로역정』 이야기이다. 대한성서공회 권서부에 계셨던 작은아버지께서 『천로역정』 이야기를 그림으로 그리셔서 필름으로 만들고, 환등기를 가지고 오셔서 밤에 보여주셨다. 섬에 극장이 없고 텔레비전도 없던 1960년 초반이었기에 환등을 하는 밤이면 교인 아닌 마을 사람들까지 모두 진촌교회로 모였다.

　환등(幻燈)은 매직 랜턴(magic lantern)을 일본에서 번역한 용어인데, 원래는 초현실적인 경험을 제공하는 극장 흥행물이었다. '허깨비 환'(幻)자를 쓴 것만 보아도 짐작할 수 있듯이, 19세기말 처음 환등을 본 한국인들은 정말 허깨비라도 보는 듯이 기이하게 여겼다. 17세기 네덜란드에서 처음 개발할 때에는 유리판에 그림을 그려 양초나 가스, 등불의 빛으로 이미지를 영사하였다. 사진발명가 다게르가 1839년에 사진현상법을 개발한 뒤부터는 그림뿐만 아니라 사진 이미지도 환등으로 영사하게 되었다. 19세기 중반까지는 매직 랜턴이라는 이름 그대로 눈 속임수 형태의 오락이 주를 이루었지만, 19세기 후반에 광학이 발전하면서 교육도구로 활용되었다.

　환등이 교육도구로 활용된 이유는 사용자가 전하려는 내용이나 형상을 가장 정확하고 온전하게 재현하여 전달할 수 있기 때문이다. 문학작품을 예로 든다면 글자만 있는 종이책보다는 그림도 섞여 있는 종이책이 이해하기 쉬웠으며, 말로 설명해주면 더 쉽고 재미있게 전달되었다. 춘향의 얼굴이 어떻게 아름답다고 길게 설명하는 것보다 춘향의 초상화를 한 장 보여주는 것이 효과 만점이었다. 그래서 환등이 초기에는 극장에서 오락물로 각광받았지만 20세기 초 한국에서는 교육, 설교, 강연의 도구로 활용되었다.

환등의 교육적 효과를 가장 잘 보여주는 사례가 바로 루쉰(魯迅, 1881~1936)의 환등기 사건이다. 루쉰은 1904년부터 일본 센다이의 학전문학교에 유학했는데, 미생물학 시간에 러일전쟁 환등을 보다가, 간첩으로 몰려 처형당하는 중국인과 그를 무표정하게 바라보는 중국인들을 스냅한 사진을 일본인 학생들과 함께 보게 되었다. 루쉰은 약소국 국민들은 구경꾼이 될 수밖에 없는 현실을 자각하여 의학을 포기하고 문학을 통해 중국인의 정신을 개조하겠다고 결심하였다. 환등의 시각적인 충격이 그만큼 컸던 것이다.

한국에서는 1900년대 초 외국어학교의 교사들이 생도들에게, 또는 기독교청년회에서 회원들에게 환등회를 개최했는데, 특별한 장소는 없었다. YMCA 학감 그레그가 미국에 주문한 교육용 환등기가 1907년에 도착하자 월례행사로 환등회를 개최했으며, 입장권을 배부하였다. YMCA는 1910년에 사진 강습과정을 개설했으니, 사진과 환등을 선교와 교육의 도구로 중요하게 여긴 것이다.

환등기와 비슷한 시기에 영화도 수입되었는데 일본 자본, 또는 민족 자본이 영화인들과 결합하여 영화를 제작하기 시작하자 영화는 곧바로 극장에서 관중을 끌었으며 흥행의 주요수단으로 부각되었다. 환등은 극장에서 밀려났지만 각종 학교나 계몽 강연회에서는 여전히 중요하고 인기 있는 교육도구로 활용되었다. 환등기는 영사기에 비해 간편하였으므로 농어촌 및 지방 소도시에 가지고 가서 사용하기에 적합한 신문물이었다.

내가 초등학교에 다니던 1960년대에도 작은아버지는 대한성서공회 이름으로 인천에 와서 환등을 보여주었는데『플란다스의 개』였던가, 제목이 확실치 않지만 솜씨 좋은 작은아버지가 그림을 직접 그려서 환등으로 보여준 기억은 확실하다.

게일 선교사의 천로역정 한글 번역

게일 선교사는 신학교를 졸업하고 선교부에서 파견된 교단 선교사들과는 달리 문과를 졸업하고 1888년 토론토대학 YMCA에서 파견한 선교사였다. 따라서 선교활동의 방향이나 방법이 여러 가지로 교단 파송선교사들과는 달랐고, 그들로부터 교인을 늘리지 못한다는 비난도 많이 받았다. 그러나 문학적 관점에서 본다면 그는 한국문학에 가장 많은 관심을 보여준 선교사였고, 가장 많은 작품을 번역한 문학가이기도 했다. 그가 영어로 번역한 한국 작품의 숫자는 엄청나서 고소설만 하더라도「춘향전」「심청전」「토끼전」등의 판소리소설을 비롯해「구운몽」「옥루몽」「운영전」「숙영낭자전」「창선감의록」『백학선전』등 10여 종이나 되며 시조나 한시도 상당수 번역하였다.

그가「바리데기」굿을 보거나 줄거리를 들었다는 기록은 아직 확인되지 않았지만, 「구운몽」을 번역한 것만 보더라도 한국인의 구도(求道) 이야기에 관심을 가진 것만은 분명하다. 장망성(將亡城)에서 방황하던 기독도가 온갖 고난을 겪으며 천성을 향해 가서 구원을 얻는 이야기가 『천로역정』의 줄거리인데, 우리나라 고소설의 고진감래(苦盡甘來) 해피엔딩 구성이 대개 이와 비슷하였다. 게일은 기독교의 수많은 서적 가운데 『천로역정』이 가장 효과적으로 한국인들에게 감명을 줄 것이라고 생각했을 것이다.

존 번연(John Bunyan, 1628~1688)이 1678년에 간행한 *The Pilgrim's Progress*는 한국, 중국, 일본에 『천로역정』(天路歷程)이라는 제목으로 번역 출판되었는데, 처음 중국 선교사 번즈(William C. Burns, 1815~1868)가 번역 출판한 제목을 한국과 일본에서도 그대로 가져다 사용했기 때문이다. 제1부는 작품 속의 화자(話者)가 광야를 지나다 동굴에서 잠을 자며 꿈을 꾸는데, 그 꿈속에서 크리스천(한국에서는 '기독도'[基督徒])이 여러 역경을 헤치고 천국에 이르기까지 순례의 여정을 그렸다. 제2부는 크리스천의 아내 크리스티나와 네 자녀가 크리스천을 찾아 떠나는 순례길 이야기인데, 게일 부부는 1895년에 제1부만 2책으로 출판하였다.

원래 『천로역정』을 먼저 번역하기 시작한 사람은 게일 부인 해리엣이었다. 전 남편 헤론이 세상을 떠나 이듬해인 1891년부터 번역하다가, 1892년에 게일과 결혼하면서 게일이 주도하여 1894년 원산에서 번역을 완성하였다. 『천로역정』은 문서선교를 위해 배재학당에 설치된 삼문출판사(三文出版社, Trilingual Press)에서 출판[1]되었는

---

1 존 번연/제임스 게일 · 해리엇 게일 옮김/김준근 그림, 『텬로력뎡 삽도』 (서울: 삼문출판사, 1895).

데, 글자 그대로 한글, 한문, 영어 활자를 함께 사용하여 출판하는 곳이었다. 몇 년 전까지도 서울에 한글이나 영어 활자 주조기가 없어 한국어 번역 성경은 일본 요코하마에 가서 출판했는데, 서울에도 세 가지 활자를 모두 갖춘 출판사가 생겼다. 속표지 뒷면에 "존 번연의 사후 200주년을 기념하여 조선과 미국의 기독교도들이 우애로 결속되기를 기원하기 위해 출간한다"라고 쓰여 있어, 이 소설이 미국에서 지원받은 선교비로 출판된 문서선교의 결과물임을 알 수 있다.

성경을 비롯한 초기 기독교 서적들은 대부분 중국어 번역본을 대본으로 하여 중역(重譯)했다. 서양 선교사가 영어를 한국어로 자연스럽게 번역할 수 없기 때문에, 한국인 조력자들이 중국어 번역본을 참조하여 선교사를 도와주었던 것이다. 중국어는 문언(文言)과 관화(官話)가 아주 달라서 중국 선교사 번즈는 문언역 『천로역정』(아모이, 1853년 초판)과 관화역 『천로역정관화』(북경, 1865년 초판)의 두 가지로 출판하였다. 문언은 고전 문장을 기초로 성립된 문체이고, 관화는 일반인들이 알기 쉬운 구어에 가까운 문체이다. 『삼국지연의』 같은 백화소설이 관화이다.

지금까지 한국의 언어학자들은 게일이 문언역 『천로역정』을 대본으로 하여 번역했을 것이라고 추정했지만, 김성은은 논문 「선교사 게일의 번역 문체에 관하여」(「한국기독교와 역사」 제31호, 2009)에서 관화역본을 대본으로 번역했다고 추정했다. 인자(仁慈) - 효시(曉示) - 호색(好色) - 오만(傲慢) - 백설(百舌) 등 29개의 인명과 지명을 비교해본 결과 영어 원문이나 문언역이 아니라 관화역의 번역어를 그대로 가져다 썼기 때문이다. "이제 또 내 고향을 버리고 천성으로 가려하니, **가기가 무엇이 어려우리오**"라는 문장에서 영어 원문이나 문언역에 없는 강조 부분이 덧붙은 것까지 관화역과 같다고 한다.

성경 번역에서도 그랬던 것처럼, 게일이 『천로역정』 번역에서 고심했던 용어 가운데 하나가 하나님이다. 영어 원문의 God를 문언역에서는 주재(主宰), 관화역에서는 진신(眞神)이라고 했는데, 유일신의 개념을 강조한 관화역 진신(眞神)을 게일은 '하느님'으로 번역했으며, 영어 원문의 the Lord도 문언역에서는 천상주재(天上主宰), 관화역에서는 천주(天主)로 번역했는데, 게일은 이 역시 '하느님'으로 번역하였다. 게일은 "한국인들은 God을 유일하고 위대한 분인 '하나님'이라고 말한다. 한문으로나 한국어로나 그 이름은 '유일함'과 '위대함'으로 만들어진 용어이다"(김성은 번역)라고 판단한 것이다. 그랬기에 관화역에서는 유일신과 최고자를 진신(眞神)과 천주(天主)로 나누어서 번역했지만, 게일은 '하느님'이라는 하나의 용어로 번역하였다. 한국 기독교인들이 신이나 천주 대신에 하나님이라는 용어를 지금까지도 자연스럽게 쓰게 된 것은 게일 덕분이다.

한국인으로 변용한 김준근의 그림

게일은 『천로역정』을 번역하면서 독자를 서민으로 상정했기에, 중국어를 한문으로 번역하지 않고 한글로 번역하였다. 유길준이 세계 일주를 하면서 자신이 보고 들은 서양의 개화 문물을 조선 독자들에게 전달하기 위해 국한문혼용체를 사용했는데, 서민뿐만 아니라 고종이나 사대부들도 이 책을 읽게 해야 개화를 정책에 반영할 수 있으므로 한자 중심으로 써서 1895년에 출판했던 것이다. 게일이 한국어를 잘했으면 혼자 영어 원서를 직접 번역했겠지만, 아직 한국어에 자신이 없었기에 한국인 조력자와 함께 번역하다보니 조력자 이창직이 쉽게 읽을 수 있는 중국어 관화역을 대본으로 하여 공동 번역하였다. 그래서 그가 출판과정에 신경 쓴 부분 가운데 하나가 그림이다. 기독교 교리는 한국인들에게 낯선데다 적합한 용어도 아직 정리되지 않은 단계이어서, 독자들의 이해를 도우려면 그림이 필요했다.

조선시대 출판에서 그림의 삽입 여부는 독자층에 따라 달라진다. 『논어』나 『맹자』 같은 유교 경전에는 그림이 없다. 평생 한문을 배우고 읽는 지식인 독자들이기에 그림이 필요 없었다. 그러나 한문을 모르는 여성이나 서민들에게 읽힐 책이라면 그림이 필요했다. 그래서 『삼강행실도 언해』나 『오륜행실도』 같이 남녀노소가 신분에 관계없이 모두 읽고 배워야 하는 도덕책에는 제목 자체에 그림을 뜻하는

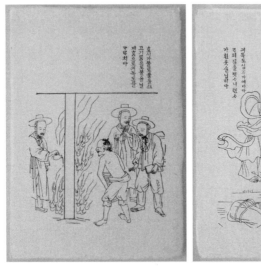

△ 은혜의 기름을 붓는 그리스도: 최초의 갓 쓴 예수 모습(왼쪽)과 십자가에서 죄짐을 벗다: 최초의 선녀 천사 모습(오른쪽)

'도'(圖)자가 붙어 있다. 장마다 그림이 실린 것이다.

『천로역정』이라는 책 자체가 남녀노소 누구에게나 읽히기를 목적으로 출판되고 번역되는 책이기에, 영어 원본이나 중국어 번역본에 그림이 실려 있다. 신선영의 논문 「김준근필 『텬로력뎡』 삽화 연구」(「동양학」 제47집, 2010)에 의하면 화가 김준근은 중국어 번역본의 삽화보다 맥과이어(Robert Maguire) 목사의 주석본 *The Pilgrim's Progress*(Cassel, Petter & galpin, London 1863~65)의 삽화에 더 많은 영향을 받았다고 한다. 맥과이어 주석본에는 56점, 게일 번역본에는 42점, 중국 한역본에는 30점의 삽화가 실려 있는데, 김준근의 그림은 구도가 대부분 맥과이어 주석본과 비슷하고, 삽화의 제목도 비슷하다.

그러나 김준근은 맥과이어 주석본의 삽화를 그대로 가져오지 않고, 한국식으로 변용하였다. 인물은 모두 상투를 튼 한국인으로 그렸고, 복장도 한복으로 입혔다. 천사도 선녀로 그렸으며, 진리를 가르쳐주는 효시(曉示), 즉 예수도 갓 쓴 한국인으로 그렸다. 게일이 성경을 번역하면서 한국어풍의 번역문체를 살리려고 애쓴 것처럼, 김준근도 한국 독자들이 거부감을 느끼지 않도록 소설의 무대를 한국으로 바꿔서 그린 것이다. 이 책이 나오자 빈튼 선교사가 *The Korean Repository*(1896년 1월호)에 서평을 쓰면서 "해부학상 인물묘사가 훌륭하여 조선 최고의 선묘화를 능가할 정도"이고 "외국인이 아닌 조선인으로 묘사하였기 때문에 조선인들에게 호평을 받을 것"(김성은 논문 인용)이라고 평가하였다. 『천로역정』 번역본에 그림이 있었기에 환등이 가능했으며, 후대에 김기창이 갓 쓴 예수를 그려도 자연스럽게 받아졌다.

구원을 찾아 나서는 한국인의 심성과 『천로역정』

심진(尋眞)이라는 단어를 글자 그대로 번역하면 "참을 찾는다"는 뜻인데, 도교에서 "선도(仙道)를 구한다는 뜻으로 썼다. 조선시대 선비들이 대부분 유학자이면서도 「심진」(尋眞)이라는 제목의 시를 즐겨 짓거나 동네 이름을 심진동(尋眞洞)이라 한 까닭도 무언가 마음의 평안을 찾기 위해서였다. 천주교 박해가 한창이던 순조 때에 이기경이 천주교를 혹평하면서 지은 가사(歌辭)의 제목을 「심진곡」(尋眞曲)이라 했던 것도 영혼불멸과 천당 - 지옥을 가르치는 천주교에는 우리가 말하는 진리(구원)가 없으니 천주교 밖에서 진리를 찾으라는 뜻이었다.

사람들이 죽으면 어디로 깔까? 원시인들은 이승과 저승을 다른

△ 김기창 그림, 「병자를 고치심」. 루스채플 소장

세상으로 생각하지는 않았던 듯하다. 진주 상촌리 신석기시대 주거지에도 보이듯이, 사자(死者)가 살던 곳 가까이에 혼이 머문다고 생각했기에 주거지 안에 옹관을 매장하였다. 일본 경우에도 죠몽 시대에는 마을 광장에 무덤을 만들어 사자와 생자가 함께하였지만, 야요이 시대에는 마을 바깥에 무덤을 만들어 사자의 세계를 격리하기 시작하였다고 한다.

그러다가 차츰 사자의 혼이 인간 세상과 멀리 떨어진 곳으로 갔을 거라고 생각하게 되었다. 하늘이나 땅 속, 바닷속, 산 속, 섬, 해가 지는 곳 등인데, 도쿄에서는 이런 곳에 신선세계가 있다고 생각하여 많은 사람들이 신선세계를 찾아 나섰다. 자신이 직접 찾아 나설 수 없던 진시황은 동남동녀(童男童女) 3천명을 동해로 보내 불로초(不老草)를 구해오게 하였다. 구리로 승로반(承露盤)을 만들어 이슬을 받아먹으며 신선이 되기를 구했던 진시황은 결국 50세로 세상을 떠나면서 자기 한 몸을 구원하지 못하였다.

한국인들이 생각한 신선세계는 사람이 아닌 사람, 즉 신선들이 사는 곳이기에 살아서는 갈 수 없는 곳인데, 역설적으로 한국인의 이상세계이기도 했다. 고려시대부터 청학동(靑鶴洞)이나 무릉도원을 찾아가는 설화, 또는 작품이 많은 것도 이 때문이다.

매월당(梅月堂) 김시습(金時習, 1435~1495)은 어릴 때부터 신동(神童)으로 이름을 날려 세종대왕의 인정을 받고 오세(五歲)라는 별명을 얻었지만, 21세에 삼각산 중흥사에서 글을 읽다가 수양대군이 조카 단종의 왕위를 찬탈했다는 소식을 듣고 과거공부를 포기하였다. 자신이 공부하는 유학(儒學)의 충신불사이군(忠臣不事二君)을 실현할 수 없는 사회가 되었다고 생각한 것이다. 그는 8년 동안 평안도 –

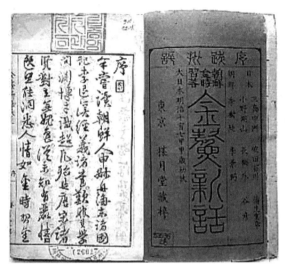

△ 성경을 번역하던 이수정이 비평하고 서문을 쓴 일본판 금오신화

강원도 – 전라도 – 경상도를 떠돌다가 경주 금오산에 오두막을 짓고
정착하여 『금오신화』를 지었다.

　　이 책에 실린 다섯 편 단편소설의 무대는 「만복사저포기」가 남원,
「이생규장전」이 개성, 「취유부벽정기」가 평양, 「남염부주지」가 경
주, 「용궁부연록」이 개성이어서 모두 그가 떠돌며 머물렀던 곳들인
데, 대부분 망한 나라의 옛 서울이어서 그의 설움을 풀기에도 적합한
곳이었다. 그러나 그가 꿈속에서 찾아간 곳은 현실 세상이 아니어서
「만복사저포기」는 저승, 「이생규장전」도 저승, 「취유부벽정기」는
800년 전의 기자조선(고조선), 「남염부주지」는 염부주(지옥), 「용궁
부연록」은 용궁이어서 조선시대 한국인들이 상상할 수 있는 모든 이
계(異界)였다. 현실에서 능력을 인정받지 못하게 된 그는 저승과 지
옥, 용궁에 초청받아 자신의 능력을 마음껏 떨쳤다. 그보다 700년 전
의 신라 승려 혜초(慧超, 704~787)가 불법(佛法)을 구하기 위해 남지

나해를 거쳐 인도까지 다녀오며 『왕오천축국전』(往五天竺國傳)을 지었던 것처럼, 김시습도 나름대로의 구도여행(求道旅行)을 하면서 『금오신화』를 지었다.

19세기말까지 한국에서 『금오신화』는 잊힌 책이었다. 오히려 일본에서 오쓰카(大塚彦太郎) 가문에 오랫동안 전해 오던 책을 가지고 1653년에 목판본으로 간행했으며, 1884년 도쿄에서 다시 상·하 2책으로 간행하게 되자 마침 그곳에서 한국어로 성경을 번역하고 있던 이수정(李樹廷, 1842~1886)이 「매월당소전」과 발문을 지어서 덧붙여 출판했다. 한국인들에게 기독교의 진리인 성경을 전하려고 한국어로 번역하고 있던 이수정이 김시습의 꿈속 세상 구도여행기 『금오신화』를 한국인들에게 다시 소개한 것은 너무나도 기이한 인연이다.

많은 제왕들이 도사에게 의지한 것은 신선세계나 저승을 혼자서는 힘들어 갈 수 없기에 누군가 인도자를 찾은 것인데, 진도 씻김굿에서도 오구물림을 할 때에 바리데기 무가를 불러 망인천도(亡人遷度)를 빈다. 저승까지 다녀오면서 자신의 부모를 살렸던 바리데기가 우리 부모의 영혼도 저승으로 잘 데려가 달라고 비는 것이다.

한국문학에 관심이 많았던 게일 선교사는 서양의 종교인 기독교를 동양의 한국인에게 어떤 방법으로 전달하면 가장 효과적일까 생각했다. 그는 영어 성경을 단순하게 한국어로 번역한 것이 아니라 한국인이 가장 즐겨 듣는 판소리체로 번역하여 출판했으며, 한국인들이 가장 많이 읽고 외웠던 천자문체로 번안하여 출판하였다. 구원을 찾아나서는 한국인의 심성을 기독교로 끌어들이기 위해서 『천로역정』을 한국어로 번역하여 출판하게 된 것이다.

6장
최초의 판소리체 번역 성경
『연경좌담』(演經坐談)

게일 선교사가 1895년에 번역 출판한 『천로역정』은 한국문학사에서 오랫동안 최초의 서양소설 번역서라고 평가되었다. 게일은 거꾸로 한국 소설도 서양 독자들에게 소개하기 위해 10여 종을 영어로 번역하였다.

한국 고소설 가운데 외국에 가장 널리 알려진 작품은 『춘향전』(春香傳)이다. 19세기말 20세기 초에 일본어와 중국어는 물론 영어와 프랑스어로도 번역 출판되었는데, 게일이 1917년부터 영어로 번역하여 잡지에 연재할 때에는 이미 알렌 선교사의 영어 번역본과 홍종우(洪鍾宇)·로니(J. H. Rosny)의 불어 번역본이 출판되어 있었다.

경판본 대신에 판소리체『옥중화』(獄中花)를 저본으로 하여『춘향전』을 번역하다

알렌(H. N. Allen, 1858~1932)은『춘향, 무희 아내의 정절』(*Chun Yang: The Faithful Dancing-Girl Wife*)(1889)을 뉴욕에서 출판하였고, 홍종우와 로니는 *Rrintemps Parfumé*(1892)를 파리에서 출판하였다. 이 번역들은 당시 서울에서 팔리고 있던 목판본(경판본)『춘향전』을 저본으로 하여 축약 번역한 것이다.

한국문학의 영어 번역자로도 널리 알려진 리처드 러트(Richard Rutt) 신부는「열녀춘향가」(The Song of a faithful Wife, Ch'un-hang)

△ 홍종우가 번역한 불어판『춘향전』_ 허경진 소장

(1974)의 서문에서 "『춘향전』 영역본이 몇 개 있지만 번역이라고 할 수 있는 유일한 영역본은 게일의 영역본"이라고 소개하면서 게일이 "1911년 출판된 이해조의『옥중화』를 충실하게 번역했다"고 평가했다.[1] 리처드 러트 신부의 평가는 게일이 번역한 지 60년이 지나도록 그만한 번역이 없었다는 뜻이다.

게일의『춘향전』번역은 단행본으로 출판되지 못하고 *The*

---

1 이진숙, 이상현, "게일(J. S. Gale)의『옥중화』번역의 원리와 그 지향점",「비교문학」제65집, 2015. 258쪽

*Korea Magazine*의 1917년 9월호부터 1918년 8월호까지 11회 연재된 상태로 남아 있는데, 『춘향전』 가운데 가장 널리 알려진 「사랑가」를 이렇게 번역하였다(위의 논문 268쪽에 실린 직역을 그대로 인용한다).

> 너는 죽어 꽃이 되면, 어부들이 물의 손짓을 따라가는 강둑에 늘어선 도화도, 아침 가랑비에 젖어 먼짓길을 드리우는 버들꽃도, 연꽃도, 진달래도, 황국화도, 백국화도 모두 버리고, 가장 어여쁜 모란이 되고, 나는 나비가 되어 부드러운 봄바람에 네 꽃잎에 살포시 앉아 햇살에 흔들거리며 날개를 펴고 여기저기 펴덕이면 나인 줄 알렴. 내 사랑, 내 사랑, 내 어여쁜 사랑.

긴 〈사랑가〉 가운데 '작약'(芍藥) 한 단어만 누락하고 충실히 번역하여 판소리의 나열체를 살렸는데, 이는 "원전의 내용을 字字句句 그대로 번역"하는 게일의 성향으로 인한[2] 것이다. 완역이기는 하지만, 『춘향전』 가운데 어떤 부분은 일관성 있게 누락, 변형, 첨가하였다. 판소리계 소설의 특징이라고 할 수 있는 장황한 사설 부분도 서양 독자들이 지루하게 느낄까봐 삭제하였다. 당시 서울에 나와 있는 여러 가지 『춘향전』 가운데 판소리를 거의 그대로 받아들인 『옥중화』를 번역 대본으로 삼았기 때문에 생긴 현상이다.

---

2 같은 글, 263쪽.

왜 판소리인가

이해조가 『옥중화』를 출판하기 전에도 서울 시중에는 경판본 『춘향전』이 다양한 형태로 유통되고 있었는데, 박기홍의 판소리 〈춘향가〉 사설을 산정(刪正)하여 「매일신보」에 연재하던 『옥중화』가 1912년 8월 보급서관에서 단행본으로 출판되자 선풍적인 인기를 얻으며 판매되었다. 이 소설은 10여 년 동안 제목과 표기를 달리하여 여러 출판사에서 다양한 형태로 출판되었지만, 서두가 "절대가인 생겨날 제 강산정기 타서 난다. 전라산하 약하계에 서시가 종출하고…" 하는 구절은 그대로 살려 독자들이 판소리 듣는 느낌을 가지게 하였다.

게일이 왜 판소리체의 『옥중화』를 선택하여 번역했을까? 게일은 1897년 4월 「그리스도신문」 주간으로 취임하여 많은 글을 썼는데, 1901년에 '대한 곡조' 찬송가를 소개하면서

> 이 찬미는 대한 뱃사공의 노래 곡조를 위하여 지은 것인데, 이 뜻은 세상은 바다 되고 교회는 서국 배 되고 예수는 사공 되어 세상에서 떠나 천당으로 가는 비유로 지은 것인데, 서국 교우의 찬미에도 이 뜻으로 지은 찬미가 있고, 또한 찬미라 하는 것은 기쁜 마음으로 하나님을 찬송하는 것인 고로 대한 곡조로 지은 것이오(이하, 필자가 현대어로 고침).

라고 견해를 밝혔다. 한국 교인들에게는 서양 음악보다 한국 고유의 가락이 더 부르기 편하다는 뜻인데, 일회성의 발언이 아니라 1917년에 조선음악연구회를 조직하여 구체적으로 찬송가 개편에 착수하였

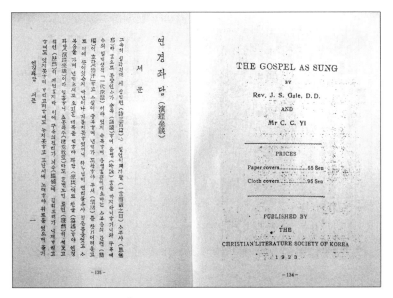

△ 게일과 이창직이 함께 지은 『연경좌담』(演經坐談)서문(왼쪽)과 속표지(오른쪽)

다. 게일이 조선야소교서회에서 1923년에 출판한 『연경좌담』(演經坐談)도 이러한 일련의 작업과 관련되는데, 그 첫 장은 이렇게 시작된다.

일천구백십칠년전。유대국백리항에。탄생하신주의내력。들어보소。신성한족보로는。무시무종상제자요。혈육의족보로는。아브라함다윗자손。내력이분명코나。

。표는 마침표가 아니라 4.4조의 운율로 낭송하다가 호흡을 잠시 쉬라는 부호이다. 이 구절을 현대식 띄어쓰기로 고치고 한자 표기를 하면 아래와 같이 된다. ("들어보소" 뒤에선 조금 길게 쉬기 때문에 네 음절로 끊어진다.)

일천구백십칠년 전 유대땅 베들레헴에 탄생하신 주의 내력 들어 보소. 신성(神聖)한 족보(族譜)로는 무시무종(無始無終) 상제자(上帝子)요, 혈육(血肉)의 족보로는 아브라함 다윗 자손 내력이 분명하구나.

유대 땅 베들레헴에 태어났지만 신성(神性)와 인상(人性)을 지녀 하나님이자 인간인 예수의 족보를 소개하며 『연경좌담』을 시작하였으니, 「목차」에 밝힌 것처럼 신약성경의 첫 권인 「마태복음」 1장 "아브라함과 다윗의 자손 예수 그리스도의 세계"를 번역한 것이다. '세계'는 구역 성경처럼 "세계"(世系)라고 써야 뜻이 분명해지는데, 족보가 더 쉬운 말이다.

게일은 『연경좌담』 서문에서 노래의 효용성을 이렇게 설명하였다.

시 삼백편(詩三百篇)을 일언이폐지왈(一言而蔽之曰) 스무샤(思無邪)라 홈으로 동양인스가 숑독(誦讀)ᄒ며 음영(吟詠)홈을 마지아니ᄒ거니와 구쥬예수의 일대성젹(一代聖蹟)이야 엇지 숑독ᄒ며 음영홀뿐이리오마ᄂᆞᆫ 스복음의 간편(簡編)이 호한(浩汗)ᄒ고 스실이 즁복ᄒ며 년대가 도착ᄒ야 두셔(頭緒)를 찾기 어려운고로 이에 뜻이 잇슨지 다년이나 겨를치 못ᄒ엿더니 하ᄂᆞ님이 편리를 주샤 적은 틈을 엇고 스복음을 가져 년대 ᄎᆞ셔로 요긴흔 대목을 택ᄒ야 좌담(坐談)톄로 찬슐(纂述)ᄒ야 연경좌담(演經坐談)이라 일홈ᄒ니 쵸동목수(樵童牧豎)라도 흔번 보면 료연(瞭然)히 깨ᄃᆞ고 력연(歷然)히 긔역홀지라 이에 구쥬의 진리가 뇌슈(腦髓)에 깁히 드러가 니져 ᄇᆞ리고(져) ᄒ여도 엇지못ᄒ며 ᄇᆞ리고져ᄒ여도 능치못ᄒ고 고난시에 노래ᄒ야 위로를 엇으며 동양인들은 시를 송독(誦讀) 음영(吟詠)하면 생각이 맑아지므로, 나무꾼이나 목동들에게는 좌담(坐談) 투가 기억하기 쉽고 위로를 얻기 쉽다고 했다. 사복음서의 순서가 제각기 달라서 신입 교인들이 외우기 힘들었기에, 게일 목사는 나름대로 예수의 생애를 재구성해서 판소리 투로 서술하였다. 좌담(坐談)을 글자 그대로 번역하면 '앉아서 하는 이야기'이다. 그러나 게일이 『연경좌담』(演經坐談) 표지에 영어 제목을 'The Gospel as Sung'이라고 표기한 것을 보면 '이야기'가 아니라 '노래', 즉 복음송(福音頌)이다. 이 영어제목을 먼저 읽어보면 '연경좌담'(演經坐談)이 '성경 판소리'임이 쉽게 들어온다.

게일 목사가 굳이 사복음서를 판소리 투로 재구성한 것은 한글의 특성을 살리기 위한 점도 있다.

한국어는 우리 자신의 언어처럼 고정화된 일련의 법칙과 인쇄 문헌에 의해 인위화된 것이 아닌, 단순한 언어이다. 한국어는 복음서 시대에 해당된다. 왜냐하면 한국어로 「로마서」와 「갈라디아서」를 표현하는 데에는 상당히 힘이 들지만, 복음서 표기는 아름답게 할 수 있기 때문이다.[3]

사도 바울의 변증법적인 목회서신을 번역하기에는 한글이 적합하지 않지만, 예수의 감동적인 사복음서를 번역하기에는 한글이 어울린다고 생각했기에 사복음서, 특히 예수의 생애를 판소리 투로 번역하였다. 노래 투가 좋은 것은 책이 없어도 기억하기에 좋기 때문이다. "구주의 진리가 뇌수(腦髓)에 깊이 들어가 잊어버리려 해도 잊히

---

3 게일 지음, 신복룡 외 옮김, 『전환기의 조선』, 평민사, 1986, 25.

△ 성경번역자회(1906). 앞줄 오른쪽이 게일 목사, 그 뒤가 『연경좌담』을 함께 지
  은 이창직

지 않고, 버리려고 해도 버려지지 않아, 고난시에 노래하면 위로를
얻는다"고 했으니, 책을 가지지 못한 독자(실제로는 청자)를 위한 번역
성경이며, 일하는 순간순간 이 구절들을 읊조리기 쉬운 문체로 번역
했다는 뜻이다. 출판은 1923년에 되었지만, 1917년 전에 예수가 태
어났다는 「성보가」(聖譜歌)를 보면 게일목사가 연동교회에 부임한 초
기부터 이미 복음서를 판소리투로 번역하기 시작했음을 알 수 있다.

왜 별곡인가

「목차」에는 「성보가」(聖譜歌)부터 「승천가」(昇天歌), 「결말가」
(結末歌)까지 149편의 노래가 실려 있다. 한 편 한 편에는 복음서의
제목과 장절(章節) 숫자가 적혀 있는데, 노래라고 소개한 이유는 제
목마다 「가나 혼연가」(婚宴歌)나 「천국 비유가」(天國比喩歌)처럼 제
목에 '가'(歌)라는 글자를 모두 붙였기 때문이다. 그러면 149편을 모

두 노래로 불렀는가? 악보가 전해지지 않아 알 수가 없지만, 「성보가」 (聖譜歌)(마태 1), 「성탄가(聖誕歌) 제일」(마태 2), 「성탄가(聖誕歌) 제이」(누가 2), 「성탄가(聖誕歌) 제삼」(누가 2), 「성탄가(聖誕歌) 제사 박사경배」(마태 2), 「성세가」(聖洗歌)(마태 3), 「시험가」(試驗歌)(마태 4:1-11)에만 제목 뒤에 '별곡'(別曲)이라 쓰여 있다. 판소리에 별곡은 어울리지 않는다. '별곡'이라는 용어는 무슨 뜻으로 붙였을까?

『한국민족문화대백과사전』에서 '별곡'(別曲)을 "중국의 가곡을 정곡(正曲)으로 간주하고 이에 대하여 우리의 가요를 지칭하는 말"이라고 정의하였다. "고려인들이 중국계 악장(樂章)이니 악부(樂府)니 하는 정악(正樂) 또는 아악(雅樂)에 대하여 자기네들의 노래, 즉 속악(俗樂) 또는 향악(鄕樂)의 노래 이름에다 별곡이란 말을 붙여 지은 데서 유래한 말이다. 혹은 중국의 것이나 우리의 것을 막론하고 본래 있었던 원곡에 대하여 별도로 새로이 지은 곡이란 뜻으로 별곡이란 말을 붙인 것으로 보기도 한다"라고 하면서 이 사전에서는 「서경」(西京)에 대하여 「서경별곡」, 「만전춘」(滿殿春)에 대하여 「만전춘 별사」, 「사미인곡」에 대하여 「별사미인곡」이 있는 것을 예로 들었다. 그러나 모두 추론에 의한 견해일 뿐이다. 고려 말에서 조선시대까지 이어지는 '별곡'의 용례를 보면 속악가사와 민요를 포함하는 넓은 의미의 우리나라 노래라는 뜻이다.

'별곡'이라는 용어 자체가 확실치 않기 때문에, 게일이 왜 이 일곱 편의 노래만 '별곡'이라고 표기했는지 추론이 필요하다. 게일이 『연경좌담』을 출판한 시기는 이미 중국 노래가 정악(正樂)의 위치를 상실한 지 오래 되었다. 그렇다면 게일이 생각한 정악이나 정곡은 혹시 서양음악, 특히 당시 교회에서 부르던 찬송가가 아니었을까? 서양음악의 전통이 전혀 없고 학교에서 배운 적도 없는 대부분의 한국 교인들을 위하여 그들 자신의 노래(판소리)체로 복음서(福音書)를 부르거나 들어보라는 뜻은 아니었을까?

교회에 나오기 시작하면 성경을 읽고 찬송을 부르면서 저절로 한글을 배우기 마련이었는데, 게일은 이 두 가지 방법을 함께 익히게 하기 위해 성경 가운데 복음서를 판소리

△ 『연경좌담』 제1장 〈성보가〉와 제2장 〈성탄가〉

투로 고친 것이다. 게일이 시무하던 연동교회의 임공진 장로 같은 광대가 직접 부를 수도 있었지만, 교인이 혼자서 소리 내어 읽기만 해도 흥겨워졌고, 한참 소리 내어 읽다 보면 쉽게 외워졌다. 특히 연동교회같이 천민 출신이 많은 교회에서는 서양 찬송가보다 훨씬 친근하게 읽혔을 것이다. 『천자문』의 뜻도 모르면서 천자풀이를 읊조리던 상민들은 『연경좌담』(演經坐談)에 어깨가 들썩이지 않았을까?

곡조가 없이도 음송하기 위해 출판한 『연경좌담』

『연경좌담』의 목차와 내용만으로 본다면 공생애 이전의 생애와 복음을 별곡으로 분류했으며, 7장 모두 "찬송하세 할렐루야"라는 총

결사로 마무리된다. 성경 본문에 없던 화자(話者)의 교훈과 당부의 말씀을 강조한 것도 특징이다.

'별곡' 표기가 없는 8장 「가나 혼연가」(婚宴歌)부터 115장 「심판 일 예고가」(豫告歌)까지는 공생애(公生涯) 가운데 기사 이적과 교훈, 116장 「모살협의가」(謀殺協議歌)부터 149장 「결말가」(結末歌)까지 는 예수의 고난, 죽음, 부활, 승천 기록을 연장체 서사시로 재구성한 것이다.

판소리에는 나열과 반복이 거듭되는데, 『연경좌담』의 문체도 그렇다.

이때는 어느 땐고 로마제국 가이사아구스도 천하(天下)를 통일(統一) 하니 아세아주 유대국도 판도(版圖) 안에 들었구나 유대 왕은 혜롯 이오 수리아 감독(監督) 구레뇨라 … 그것이 웬 이치(理致)냐 믿는 자여 들어보소
- 3장 「성탄가 제2」

박사의 거동 보소 천문대에 올라가서 별같이 밝은 눈 지혜롭고 복 된 눈 서천을 향하여서 자세히 살피다가 기뻐하며 하는 말이 광채 있는 저 별 아래 만왕의 왕 나셨도다 분야가 어느 곳(인)고 서방세 계 분명하다 희망 얻은 우리 인생 앉아서만 기뻐할까 단봉약대 쌍 봉약대 각종 폐백 실어내니 유향이며 몰약이며 보배롭다 황금이라
- 5장 「성탄가 제4 박사경배」

성문 앞에 오시다가 애통하는 광경 보고 측은지심 발하여서 과부더 러 이른 말씀 우지마라 우지마라 네 정상 내가 안다
- 24장 「과부자 부생가」(寡婦子復生歌)

△ 게일 목사가 영어로 번역한 심청전

　이런 구절을 판소리 「춘향가」의 "우지 마라 우지 마라 내 사랑아 우지 마라"라든가 「심청가」의 "닭아 닭아 우지마라"라는 가락과 비교하면 판소리체가 분명하다. 그러나 『연경좌담』을 일반인들이 판소리로 부르기는 쉽지 않다. 『옥중화』를 출판한 이해조는 판소리 「심청가」를 소재로 하여 『매일신보』에 1912년 3월 17일부터 33회에 걸쳐 『강상련』(江上蓮)을 연재하였는데, 제목 밑에 "沈淸歌 講演" "名唱 沈正淳 口述, 解觀子 刪正"이라고 썼다. 해관자(解觀子)는 물론 이해조의 호인데, 강연(講演)이라는 표현이 흥미롭다. '연'(演)은 '공연하다', '들려주다'는 뜻이니, 『연경좌담』(演經坐談)의 '연'(演)자와 상통한다.

　판소리 「춘향가」 사설을 대본으로 산정한 『옥중화』 단행본이 엄청한 반응을 불러일으키며 판매되자, 이해조는 「심청가」뿐만 아니라 「흥부가」를 산정한 『연의각』(燕의脚)을 4월 27일부터, 「수궁가」(水宮歌)를 산정한 『토의간』(兎의肝)을 6월 16일부터 연재하였다.

신문 연재본에는『옥중화』때에 볼 수 없었던 '자진모리, 중모리, 엇중모리, 진양조, 안이리' 등 판소리 장단(長短)을 표기하였다. 판소리가 지닌 서사성은 물론 음악성까지 독자들에게 전달하겠다는 의도를 강하게 반영한 것이다.

그러나 이 작품들이 연재를 끝내고 단행본으로 출판될 때에는 판소리 장단 표기가 없어졌다. 독자들에게 판소리를 들려주려는 것이 아니라 음송하기 편한 판소리체 문장을 읽을거리로 전달하겠다는 저자와 출판사의 의도가 협상한 결과일 것이다. 게일이 이창직과 함께 지은『연경좌담』도 판소리 문체를 빌리기는 했지만 창이나 아니리 표시가 없고, 장단 표시도 없다. 대체로 4·4조 율격으로 이어지니, 작가 수준의 창자(唱者)가 아니라면 아니리나 더늠 등을 연출하기 어렵다. 그렇다면『연경좌담』(演經坐談)은 '소리 내어 읊조리는 성경 이야기' 정도로 번역해도 좋을 것이다.

오선지 곡조가 없는 찬송가

「성보가」(聖譜歌), 「성탄가」(聖誕歌), 「성세가」(聖洗歌), 「시험가」(試驗歌)같이 '별곡(別曲)'으로 분류된 노래들은 「춘향가」의 「사랑가」나 「십장가」가 따로 불린 것같이 예배시간에 따로 불렸을 가능성도 있다. 임공진 장로라면 그가 시무한 연동교회에서 한번쯤 시연(試演)해보지 않았을까?

어렸을 때에 할아버지가 목회하시는 백령도 진촌교회에 가서 예배를 드리다가 당황한 적이 있다. 주보에 쓰인 대로 찬송을 부르려고

『찬송가』를 펼쳤는데, 오선지 악보가 없이 가사만 큰 글씨로 인쇄되어 있었다. 초등학교에 다닌다고 해서 악보를 제대로 읽을 수 있었던 것은 아니지만, 도시에서 자라던 나에게 오선지 악보가 없이 글자만 찍혀 있던 시골 찬송가는 큰 충격을 안겨 주었다. 그러고 보니 예배 시간에 서너 번 불렀던 찬송가 곡조가 대부분 비슷하게 들렸다. 수요일 저녁이라 반주자가 없기도 했지만, 대부분 교인들이 찬송가 곡조에는 관심 없이 가사를 읊조렸던 것이 아니었을까?

7장

4.4조의 가사로 표현한 기독교 신앙

한국에 들어온 외래 종교들은 민중들에게 쉽게 접근하기 위해 경전 번역뿐만 아니라 기존 문학의 형식을 빌려서도 선교했다. 신라시대 불교는 향가의 형식을 빌렸는데, 고려전기 「보현십원가」(普賢十願歌)에 이르기까지 여러 작품을 남겼다. 일반 지식인들이 한문을 자연스럽게 지을 수 있어서 향가가 수명을 다하게 된 고려 중기부터는 수많은 승려들이 한시(漢詩)의 형식을 빌려 법어(法語)를 남겼는데, 가사(歌辭)라는 장르가 생기자 한쪽에서는 불교의 진수를 가사 형식에 담아 전하기 시작했다.

해인사에 소장된 목판본 『염불보권문』(念佛普勸文)에 실려 있는 「서왕가」(西往歌)는 극락왕생의 인연으로서 염불공덕을 권장하는 불교가사인데, '「서왕가」(西往歌)란 '서방정토로 가기를 염원하는 노래'라는 뜻이므로 향가 「원왕생가」(願往生歌)와 같은 창작동기를 지닌 가사이다. 물론 「서왕가」의 작가를 나옹화상(懶翁和尙 1320~1376)으로 인정하면 고려시대에 과연 가사라는 장르가 있었느냐 하는 문제가 생기고, 가사문학의 첫 작품이 정극인의 「상춘곡」(賞春曲)인가, 나옹 화상의 「서왕가」인가 하는 문제가 생기지만, 언제부턴가 불교에서 극 락왕생을 전도하기 위해 가사 형식을 빌린 것만은 분명하다.

선교사의 공백을 메꿔 주었던 천주가사

가사는 서정과 서사를 포괄하는 교술적(敎述的) 문학 갈래이다. 4.4조 4음보격으로 행수(行數)에 제한이 없는 연속체여서 전문적으 로 교육받지 않고도 누구나 쉽게 창작할 수 있는 열린 문학이다. 조 선 전기에는 사대부 문인들이 창작하거나 음영(吟詠)하였으며 가비 (歌婢)를 시켜 가창(歌唱)하게 하였지만, 조선 후기에 와서는 향유층 이 확대되어 누구나 쉽게 참여할 수 있는 생활 속의 문학이 되었다. 한시나 시조 같은 정형시처럼 형식이 엄격하지 않았기 때문이다.

가사는 본질적으로 시가 추구하는 서정적인 면과 아울러 당대적 상황이 요구했던 서사적인 면을 동시에 가지고 있던 장르였으며, 시 인이 세계와 다른 개인을 향하여 자기의 목소리를 드러낼 수 있는 장르였다. 말하자면 가사라는 장르는 살면서 부닥치는 문제를 번다 함 없이, 문학적으로 표출할 수 있는 문학 관습이었다. 모범적인 가 사 작품일수록 시인 자신을 포함한 삶에 대하여 진지성을 지니며, 담 론에 대한 지배 의욕보다는 서정적(또는 주제적) 긴장을 담론에 부여 하겠다는 의도가 더욱 앞선다.[1]

서양 선교사가 이 땅에 들어오기 전에 스스로 중국에 가서 천주교를 받아들인 조선후기의 지식인들은 천주교 교리를 이웃에게 전도하기 위해 당연히 '가사'라는 형태를 활용하였다. 이승훈의 문집『만천유고』에 1779년 주어사 강론 후에 정약전이 지었다는「십계명가」"인간금수 초목만물 / 그아버지 천주일세 / 부모효도 알고지면 / 천주공경 알고지고"라든가, 이벽이 지었다는「천주공경가」"어화세상 벗님네야 / 이내말씀 들어보소 / 집안에는 어른있고 / 나라에는 임금 있네 / 네몸에는 영혼있고 / 하늘에는 천주있네 / 부모에게 효도하고 / 임금에는 충성하네 / 삼강오륜 지켜가자 / 천주공경 으뜸일세 / 이내몸은 죽어져도 / 영혼남아 무궁하다" 등이 실려 있다. 당대 대표적인 문인들이 '천주'(天主)로 대표되는 천주교 신앙을 '가사'라는 우리나라 고유의 문학형식에 담아 전했기에, 가사를 부담 없이 듣던 서민들에게 자연스럽게 전해지게 된 것이다. 국가에서 금지하는 천주교 신앙이 한국화했다고 볼 수 있다.

19세기 교세의 확장과 전통사회와의 충돌 속에서 53종이나 되는 필사본 천주가사집이 산출되었다. 김영수 교수는 1885년에 필사된 이승훈의『만천유고』부터 1948년에 필사된 하성래 소장『구산 최씨본』에 이르기까지 다양한 형태의 필사본 천주가사집을 소개하였는데,2 신교의 자유가 허용된 직후인 1900년의 천주교 신자 수를 대략 4만 2천 명으로 추정하면 천주가사의 전승이 활발했다고 분석하였다. 필사본 천주가사집의 제작은 1920년대부터 급격히 감소되는데, 천주교회가 안정되면서 체계적인 교리서나 현대적인 성가집이 활자본으로 출판되었기 때문이다.

---

1 조세형, "후기 종교가사의 문학성과 문학사적 의미",「국문학연구」제5호, 333.
2 김영수, "필사본 천주가사집 출현의 배경과 의의",「인간연구」제5호.

고전문학에 민요나 시조, 고소설 등 다양한 문학 갈래가 있었는데, 천주교 교리가 왜 이 가운데 가사라는 문학 양식과 결합되었는가? 19세기의 시조가 양반뿐만 아니라 왕실은 물론 중인 계층과 여항인(閻巷人)까지 폭넓은 수용층을 확보하면서 가곡창(歌曲唱) 위주의 고급화 경향과 시조창 위주의 통속화 경향으로 분화되어 나아간 것에 비해 가사는 양식적 개방성과 탄력성을

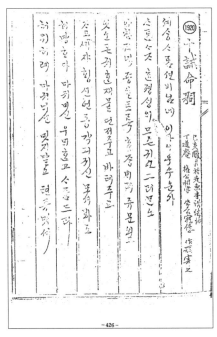

△ 정약전이 지은 천주가사 〈십계명가〉
http://www.krpia.co.kr

더욱 확장하고 있었기 때문이다.3 물론 수평적 확대가 반드시 질적인 비약을 동반하는 것은 아니다. 천주가사는 천주교 교리가 너무 겉으로 드러나, 천주교인 이외에는 문학적 관심을 끌 수가 없었다.

불교 신자와 불교가사 숫자의 비율과 비교해보면 천주교인 숫자 대비 천주가사의 숫자는 엄청나게 많은 편이다. 김영수 교수는 천주교가 1888년 이후 적극적인 교세확장 정책을 추진하는데 알맞게 '순회회장(교리교사) 제도'를 정착시켰기 때문이라고 분석했다. 1882년

---

3 고미숙, "19세기 시가사의 시각", 『19세기에서 20세기 초 한국 시가사의 구도』, 소명출판, 1998, 92-99.

부터 1900년까지 선교사는 10명에서 56명으로 증가했지만, 이 적은 수의 선교사들이 전국에 산재해 있는 신자들을 사목한다는 것은 현실적으로 어려운 일이어서, 선교사들은 공소 회장 등을 임명하여 교리교육을 담당시켰고, 자신들은 관할 지역을 순회하며 총괄하였다. 박해로 인해 교회제도가 무너져 이전의 교회서적이 모두 압수되거나 망실된 상황에서 회장들이 천주교의 교리를 전수할 수 있는 길은 결국 구전에 의한 것일 수밖에 없었을 것이다. 천주가사가 교재 없이도 음영(吟詠) 등의 방법을 통해서 구전될 수 있었고, 내용 또한 교리적 성격을 강하게 지니고 있었으므로 교리교육의 도구로 활용되었을 가능성이 충분히 인정된다.[4]

천주교가 박해받던 시기에는 서양 신부들이 드러내놓고 포교할 수 없었으므로 천주가사의 효용성이 더욱 극대화된다. 김동욱본(충남 연기), 남마두본(인천 영종도), 오광렬본(경기 수원), 김베드루본(경남 동래), 유요왕본(전북 익산), 고로가본(충북 진천), 언양성당본(경북 경주) 등의 필사본에 기록된 제작 장소가 전국적인 것을 보면 최소한 필사할 정도의 문식을 가진 회장이나 복사들이 성당이나 공소에 서실을 설치하고 천주가사집을 필사하여 보급한 것으로 보인다. 「선종가」, 「사심판가」, 「공심판가」, 「천당가」, 「지옥가」, 「십계명가」, 「영세」, 「견진」, 「고해」, 「성체」, 「종부」, 「신품」, 「혼배」 등의 작품에 교리가 직접 담겨져 있다.[5]

---

4 김영수, "필사본 천주가사집 출현의 배경과 의의", 「인간연구」 제5호. 235.
5 같은 글, 236.

바리데기 굿처럼 죽은 자의 영혼을 천국으로 보내기를 빌며 읊조렸던 연도(煉禱)

내가 결혼하기 전의 처가에 천주교 교인들이 있었다. 대대로 종손이어서 수많은 제사를 모셨던 장인에게 기독교를 전도하기 위해 여러 해가 걸렸는데, 처 할머니가 돌아가시기 직전에 세례를 받으면서 내가 다니던 교회의 목사님이 기독교식의 장례를 치르게 되었다. 그때 목사님이 장인에게 "어머니가 천국에 가셨으니, 이제부터는 집안에서 제사를 지내지 말아야 한다"라고 당부하였다. 그러나 갑작스런 임종이어서 천주교 묘지만 사용이 가능했기에, 임종대세(臨終代洗)를 받고 천주교식으로 다시 장례미사를 드리게 되었다.

성당에 들어서면서부터 나는 낯선 모습에 부딪쳤지만, 곧바로 무언가 익숙한 분위기에 젖어들었다. 수십 명의 교우들이 나지막하게 한 목소리로 가사를 읊조렸던 것이다. 내용이 정확하게 들어오지 않았지만, 여러 성인들의 이름을 부르면서 처 할머니의 영혼을 천국으로 보내게 해달라는 기원이었다.

연도(煉禱)는 죽은 자를 위해서 천주교 교우들이 드리는 기도이다. 가장 많이 드리는 연옥도문(煉獄禱文)뿐만 아니라 염습, 입관과 출관, 도묘, 하관 때의 기도까지 모두 연도라고 한다. 신자들은 상가에서 밤샘기도로 연도를 한다는데, 나는 성당의 장례미사부터 하관 때까지 연도를 들었다. 고유한 가사 가락에 맞춰 바치는 연도는 당연히 우리나라에만 있는 독특한 기도이다. 『한국가톨릭대사전』에서는 연도를 이렇게 설명한다.

죽은 사람이 천국으로 들어가기 전에 정화(淨化)하는 연옥(煉獄)에서의 고통은 모든 사람에게 동일한 것이 아니라, 각자의 죄벌에 따라서 차이가 있다. 한국 천주교회 초기 때부터 사용해 온 '연도'라는 말은 바로 이러한 연옥에 있는 이를 위해 드리는 기도를 지칭한다. 본디 천주교회에서는 연옥에 있는 사람들을 '불쌍한 영혼'이라고 호칭하는데, 그 까닭은 이들이 자기의 힘으로는 연옥에서 탈출할 수도, 또 괴로움을 완화시킬 수도 없으나, 지상 여정에 있는 신자의 기도와 선업(善業)에 의지하여서는 가능하기 때문이다. 이 경우의 이 지상의 신자의 기도를 '연도'라고 하는 것이다.

연도하는 방법은 혼자 묵상하듯이 조용히 하는 것이 아니라 공동으로 하며, 여러 사람을 두 팀으로 나누어 상호 교환창으로 하는 것이 일반적이다. 여기서는 한 개인이 주관자가 아니라, 여러 사람이 모두 주관자가 된다.6 주고받는 창법은 민요, 특히 노동요에서 많이 볼 수 있으며, 가사로는 송강 정철의 〈속미인곡〉 이후에 화답, 문답, 언쟁 등의 방식으로 수많은 대화체 가사가 지어졌다.

무속에서는 죽은 자가 저승으로 혼자 갈 수 없기 때문에 바리데기가 길 안내를 한다는 뜻으로 바리데기 굿을 한다. 이에 비해 천주교에서는 교우들이 연도를 드리며 죽은 교우를 연옥에서 천당으로 인도한다. 굿이나 연도는 1차적으로 죽은 자를 위하여 신에게 드리는 기도이지만, 굿과 연도를 통해 유족들이 위로를 받고 마음에 평화를 얻는 것 또한 신앙의 치유 효과이다. 다른 나라에서는 볼 수 없는 가사체의 연도가 한국에서 자생적으로 생겨나 지금까지도 활발하게

---

6 강영애, "천주교 연도(위령기도)의 음악적 연구", 「예술논총」, 109-110.

이어지고 있다.

천주교 용어가 보이지 않는 기독교 가사

　기독교 신자나 목회자들도 비슷한 시기에 가사를 많이 지었는데, 이들 자료에 대한 본격적인 연구는 홍정수 교수가 시작하였다. 『한국교회음악사료집』(장로회신학대학 교회음악연구원, 1992~1993)에 『앵산전도가』(鶯山傳道歌)를 소개하면서, 이 가사들이 천주가사와 다른 점을 이렇게 밝혔다.

　이 책에는 악보가 없고 가사만 실려 있는데, 그 음악은 한국의 민요를 사용했을 것으로 짐작된다. 한문성경의 영향이 뚜렷하다(上帝, 耶蘇…) 4.4조로 길게 이어지는 가사는 외견상 천주교의 「天主歌辭」와 대단히 유사하지만, 「멀리 멀리 갔더니」와 같은 개신교 찬송가 가사가 포함되어 있어서, 개신교인의 작품임이 분명하다(제2권 3쪽).

　이 책에는 원래 제목이 없어서 홍정수 교수가 편의상 『앵산전도가』라고 명명한 것인데, 그 뒤에 이복규 교수가 표지에 적힌 글자를 '연산'(鶯山)으로 읽고, 이 책에 가사뿐만 아니라 여러 갈래의 글들이 실렸으므로 『연산전도문서』(鶯山傳道文書)라고 부르자고 제안하였다.7 이 책에 11편의 가사가 실렸는데, 이 가운데 「팔복시」(八福詩)와 「팔덕시」(八德詩)가 「기독신보」 1916년 11월 15일자에 '선천(宣

---

7 이복규, "개신교가사에 대하여", 「온지논총」 제18집, 2008, 231-232.

川) 고려위(高麗偉)'의 이름으로 발표된 것을 근거로 이 책 전체의 저자를 연산(鳶山) 고려위(高麗偉)라고 밝혔다.[8] 그 뒤에 「해사전도가에 대한 연구」라는 석사논문에서 이 책은 여러 군데서 가사를 수집하여 필사하고 개서한 자료집이기 때문에 평양신학교 고려위 교수가 「기독신보」에 투고한 가사 2편만 가지고 전체 저자를 '연산 고려위'라고 주장한 것은 문제가 있다는 비판이 제기되었다. 표지에는 책제목이 없는데, 저자를 표시한 글자라면 '연산'보다는 '해사'(海史)가더 적합하다는 것이다.[9]

기독교가사에는 당연히 천주가사에서 보이던 '종도'(사도), '연옥', '성모' 등의 용어는 보이지 않고, 천주교에 대한 비판도 없다. 그러나 「심로가」(尋路歌)만 보아도 알 수 있듯이 "당상백발 다버리고 / 처자소박 아주하고 / 오륜에 범죄되고 / 삼강퇴폐 모든 사람 / 산중으로 들어와서 / 극락왔다 자랑한들 / 상제소소 계시오니 / 신후형벌 없을소냐" 같은 불교 비판이나, "당나라 이태백이 / 술을잔뜩 취한후에 / 채석강 명월야에 / 물에빠져 죽은이를 / 신선되어 갔다한들 / 누가능히 믿으리오" 같은 도교 비판은 많이 보인다. "나의몸이 포탕하여 / 지은죄가 만사오니 / 저러한 좋은길로 / 갈수가 있으리까 … 의원이 목적되어 / 병든사람 고치나니 / 우리구주 이길두고 / 죄인을 부르시네 / 어서어서 들어가서 / 병든영혼 고쳐보소"라고 영생 구원은 기독교에만 있음을 강조하였다.

이복규 교수는 연산 고려위의 작품 11수, 영계 길선주의 「추풍석음가」(秋風惜陰歌)(1912), 오교 나준수의 「십자가」(1912), ㅂㄷㅇ生의 「숫

8 이복규, "개신교가사 21편의 원문", 「국제어문」 48집, 2007, 27-28.
9 손소희, "海史傳道歌에 대한 연구", 장로회신학대학교 대학원, 2008, 8-10.

자풀이」(1913), 작자 미상의 「전도가」
(1913), 치촌(痴村)의 「사악시」(四惡詩)
(1920), 「팔복시」(八福詩)(1920), 동강
주병호의 「언문전도가」(1921), 「볼찌
어다 지금은 은혜 주실 때요 구원할 날
이로다」(1922), 게일 선교사의 『연경
좌담』(1922), 백사겸의 「회심행도가」
(回心行道歌)(1938)을 합하여 170편의
목록을 소개했는데,[10] 개인 소장 필사
본까지 찾아보면 이 숫자는 더 늘어날
가능성이 있다.

△ 연동교회 교인들이 1907년 8월 이
눌서 선교사에게 전달한 찬하시
_ 연동교회 홈페이지

게일 선교사가 1906년부터 1년 동
안 안식년으로 연동교회 목회를 쉬게
되자 이눌서 선교사가 그 직무를 대행
했는데, 이눌서 선교사가 1907년 8월
에 임무를 마치고 떠나게 되자 고찬익 장로 등이 가사체로 찬시를
지어 감사하는 마음을 표시하였다. "우리의 친애한 리목사여 / 성신
의 도우심 입으셨네"라는 이 시는 3.3.4조의 정형시인데, 기본적으
로는 가사체를 찬송가 투로 고친 것이다. 게일 선교사가 출판한 가사
체 신약성경 『연경좌담』에 익숙한 연동교회 교인들은 미국 선교사
에게 드리는 감사패도 가사체로 썼던 것이다.

---

10 이복규, "개신교가사에 대하여", 『온지논총』 제18집, 2008, 227-230.

할아버지의 1970년대 설교 원고 가운데 실린 가사들

나의 할아버지 만성(晩成) 허응숙(許應叔, 1889~1980) 목사는 어린 시절에 다니던 서당이 교회로 바뀌어, 한문과 기독교를 함께 받아들였다. 삼일만세운동 때에는 황해도 신천군 문화읍교회에서 전도사로 목회하다가 당회장 최현식 목사의 지시로 문화읍 장날에 만세운동을 주도하고 3년 동안 감옥생활을 하였다. 1922년 7월 12일자 「기독신보」 (제7권 제28호)에 "황해도 송화군 진풍면 태을리교회에서 손영곤, 허응숙을 청빙하여 사경회를 열어 백 명씩 출석하였다"는 내용의 기사가 실려 있어, 출옥한 뒤부터 곧바로 활발하게 설교한 것

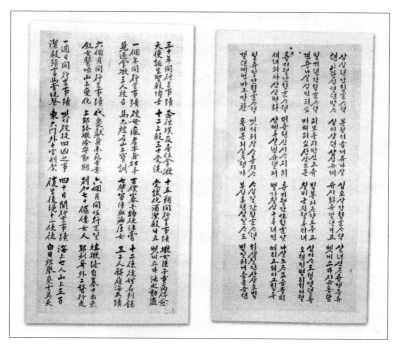

△ 게일 선교사와 이창직이 가사체로 함께 지은 예수행적기념시(1925년) _ 한국기독교역사박물관

을 알 수 있지만, 지금 나에게는 1970년에 82세 고령으로 마지막 개척한 인천 동암교회 시절의 설교집만 남아있다.

이 설교집에는 설교 초안 틈틈이 가사라든가 한시 등이 실려 있는데, 1973년 설교 초안 사이에 실려 있는 가사

마소마소 그리마소 국민대표 출마되여
자기당선 되고보면 진충보국 맹서하고
당선금일 배은망덕 그리마소 _ 秋夜月下 詩調

비나이다 비나이다 하나님께 비나이다
원수가치 막힌담을 하루밧비 여러주소
역사없는 이모양을 하루밧비 여러주소 _ 望鄕

등을 보면 「가을밤 달 아래서」(秋夜月下)는 아마도 제9대 국회의원 선거를 치르고 나서 달라진 국회의원들의 행태를 염려하여 지은 듯하고, 「망향」(望鄕)은 황해도 고향에 두고 온 친척과 교회를 그리워하며 하나님께 남북통일을 기도한 듯하다. 초 – 중 – 종장의 시조 형태 같기도 하지만 종장이 3.5.4.3으로 되어 있지 않은 것을 보면 4.4조의 가사 형태로 쓴 것이 확실하다.

1973년 10월 21일 저녁예배 설교의 본문은 '성경 누가 14:25-26', 제목은 「주님 따르는 자의 짐보따리」(從主者의 行裝)인데, 설교 원고 끝에 붉은 글씨로 가사가 실려 있다.

1. 밤이나 낮이나 눈물 머금고 / 내주님 오시기만 고대합니다

△ 허응숙 목사의 1974년 설교문 끝에 써놓은 가사

　　가실 때 다시 오마 하시든 주님 / 언제나 어느때나 오시렴니까

2. 먼 하늘 이상한 구름만 떠도 / 행여나 내주님 오시는가 해

　　머리들고 하늘만 바라보오니 / 내주여 언제나 오시렴니까

　　이 가사를 설교시간 읊었는지 분명치 않지만, 한 줄을 띠워 붉은 글씨로 쓴 것을 보면 설교와 구분한 것은 확실하다. 85세 고령의 목회자가 설교 준비를 마치고 묵상하면서 신앙고백을 한 것인데, 자신의 신앙고백을 가장 감동적으로 전달할 수 있는 찬송이 있으면 그 찬송의 페이지를 찾아서 불렀지만, 그렇지 않을 때에는 스스로 가사를 지어 읊조렸던 것이다.

　　가장 짓기 쉽고 읊조리기 쉽고 기억하기도 쉬운 문체가 4.4조의 가사이다. 시조는 초/중/종장으로 마무리하려면 함축하는 솜씨가 필요했지만, 가사는 하고 싶은 말이 다할 때까지 무한대로 확장이 가능하여, 전문적인 교육을 받지 않아도 창작이 가능하였다. 1970년

대라면 고전문학의 시대가 아니지만, 젊었을 때에 가사를 들어보았던 세대는 여전히 자신의 신앙고백을 가사로 표현했던 것이다. 이 경우에 저자가 염두에 둔 1차적인 독자는 당연히 하나님이고, 2차적인 독자는 저자 자신이었다. 이따금 나처럼 기대치 않은 독자들이 읽어보며 공감할 수도 있었을 테고….

8 장
곡조보다 가사에 은혜를 받았던 찬송시

1930년대 연동교회 신도들이 이눌서 선교사에게 찬하시를 증정하고 1970년대에 허응숙 목사가 개척교회 설교를 준비하면서 4.4조의 가사를 쓴 것은 조선시대 가사문학의 전통을 따른 것이기도 하지만, 그보다는 1900년대 초 교회에서 찬송시를 찬송가로 불렀던 경험이 있기 때문에 가능하였다.

어렸을 때에 백령도에서 목회하던 할아버지 댁에 놀러갔다가 수요일 저녁예배 시간에 펼쳤던 찬송가에 곡조가 하나도 없어서 당황했던 기억이 난다. 교인들이 대부분 노인들이었기에 오선지 악보를 볼 줄 모르나보다 생각했었지만, 아마도 그분들은 어려서부터 사용하던 곡조가 없는 찬송가가 익숙했을 것이다. 백령도에는 마을마다 교회가 있었고 주민들이 대부분 기독교인이었는데, 할아버지가 목회하던 교회는 지금 역사가 백년이 넘었으니 60년대 초에 내가 보았던 연세 많은 교인들은 당연히 예배시간에 악보 없는 『찬송시』를 펼치고 찬송을 불렀을 초대교인들이었다. 그분들에게는 낯선 서양식 찬송가 곡조보다 가사(시)가 더 중요했다. 나도 언제까진가 교회에서 예배시간에 "가사로 은혜 받읍시다"라는 말을 자주 들었으니까.

베틀노래에도 얹어 불렀던 천주가사

기독교가 처음 한국에 소개되어 예배를 드릴 때에 어떤 찬송을 불렀을까? 천주교는 미사에 천주가사를 사용했다는 기록이 보인다. 물론 천주가사를 읊었느냐 불렀느냐에 차이가 나지만, 18세기의 악보가 남아 있지 않은 현재로서는 실제로 천주가사를 불렀던 마지막 세대의 기억에 의존해 연구할 뿐인데, 홍민자가 「천주가사의 교회음악적 의의」(최석우 신부 회갑기념 『한국교회사논총』, 1982)에서 30마디의 「천당노래」 악곡을 제시하였고, 최필선이 「초기 한국 가톨릭 교회음악에 대한 연구 — 경상도 내의 구전 천주가사를 중심으로」(동아대학교 대학원 석사논문, 1989)에서 21곡을 채보하여 그 특성을 밝혔다.

천주가사는 이백년 동안 구전되어 오면서 그 가락이 흐트러지긴 했지만, 기본적으로 민요를 바탕으로 불렸던 듯하다. 1785년에 '을사추조적발사건'으로 김범우가 순교를 당하자 일부 신자들이 교회를 떠나고, 남은 신자들이 이승훈을 주교로 모시고 10인의 신부를 정해 미사를 드리는 가성직제도(假聖職制度)를 시행하였다. 천주가사를 지은 이들이 천주교회를 주도하였으므로, 이 시기에는 아마도 1779년에 이벽이 지은 「천주공경가」라든가 정약전이 지은 「십계명가」를 어떤 식으로든 미사에 사용했을 것이라 짐작되지만, 뚜렷한 증거는 없다. 당시 조선에는 마테오 리치의 중국어판 『천주실의』(天主實義) 외에는 특별한 교리서가 없었을 텐데, 이들이 가사 형식에 얹어 이 정도 수준의 신앙고백을 할 수 있었던 것이 놀랍다. 그러나 조선 천주교회에서 1786년 북경에 있던 구베아 주교에게 한국 교회의 사정을 알리는 단계에서 이러한 행위가 무효임이 밝혀져 가성직제도가 해체되었다.

그 이후에도 천주교 탄압 시기에 지방 곳곳에서 서양 신부도 없이 비밀 미사를 드리면서 라틴어 가사 발음으로 그레고리오 성가를 불렀을 가능성은 거의 없다. 천주가사를 지은 작사가 가운데 서양식 천주교 음악을 제대로 알았던 사람은 마카오 신학교에 유학 다녀온 최양업 신부가 최초일 것이다. 1849년에 사제 서품을 받고 귀국한 최양업 신부는 19편의 천주가사를 지었다고 알려졌다. 천주교 선교가 공인되어 1887년에 용산 예수성심신학교가 설립되고 이듬해인 1888년에는 샬트르 성바오로수녀회가 문을 열었다. 여기에서 성가교육이 실행되었는데 4선 네우마 악보의 성가집도 아울러 사용되었다. 그레고리오 성가 교육이 진행되고 있다는 문헌은 여러 곳에서 발견된다.[1]

1900년대에 출판이 활발해지면서 천주교 지도자가 아닌 일반 교인들 사이에서도 천주가사가 지어지고, 전례용이 아니라 읽을거리, 읊을거리로도 향유되기 시작하였다. 1924년에 뮈텔 주교가 편집 간행한 『조선어성가』에 12편의 천주가사가 실렸는데, 천주가사를 성가집에 실은 것은 대중신자들의 찬양 방식을 어느 정도 의식했던 것

---

1 최필선, "초기 한국 가톨릭교회의 민족교회음악", 『음악과 민족』 4호, 1992, 70.

으로 보이나, 프랑스 성가 선율에 선율변용(파로디) 양식으로 되어 있어 유감스럽다[2]는 견해도 있다.

이 시기의 천주가사는 대부분 파로디 일색이어서 「치명의 영광가」, 「신년축하」 등의 천주가사는 당시 유행하던 「희망가」에 변용되어 불렸고, 최양업 신부의 저작으로 알고 있는 「삼세대의」는 경상도 승전을 축하하는 민요인 「쾌지나 칭칭나네」에 '노래 가사 바꾸기'하여 불렸다는 제보도 있다.[3]

최필선이 채록한 이벽의 「천주공경가」는 5음 음계로 처음 두 마디의 선율이 주기적으로 반복되는데, 노래 끝에는 전례적인 찬미의 정형인 영창이 원래의 가사와 상관없이 첨가되었다. 경상도 신자들에게 많이 알려졌던 「천주십계」는 노래 제목부터 「천당각설이」, 「십계풀이」, 「천당노래」 등으로도 불려 이미 민요화했음이 보이는데, 최필선은 선율이 각설이 타령과 비슷한 점으로 보아 일제강점기말 각설이 타령이 유행하던 시기에 나왔을 것으로 추론하였다.[4] 「복자현양가」, 「천당노래」, 「사향가」, 「이신부 이별가」 등도 모두 경상도나 강원도 지방의 민요에 두루 쓰이는 메나리조이어서, 느린 가락으로 부르면 매우 슬프게 들린다.[5]

홍민자는 1973년 전라도 정읍에서 고판례 가창 「천당노래」를 채록하면서, 이 노래가 베틀노래에서 영향을 받았다고 하여 「베틀노래」라는 이명을 붙였다. 베틀노래는 지역마다 다르게 불리는데, 강영애는 이 노래가 강원도 인제의 「베틀노래」와 가장 유사하게 불린다고

---

2 최필선, 같은 글, 71.
3 최필선, 같은 곳.
4 최필선, 77.
5 최필선, 같은 곳.

분석하였다.6 베틀노래는 여성들이 베틀에 앉아 베를 짜면서 부르던 노동요인데, 「천당노래」를 「베틀노래」 가락으로 부른 것을 보면 신자들이 실제로 베를 짜거나 다른 일을 할 때에 「천당노래」를 불렀을 가능성이 있다. 나의 어머니가 부엌에서 설거지를 할 때에 찬송가를 불렀던 것처럼, 천주가사가 천주교인들의 일상생활에 깊이 파고들었다는 증거이다.

강영애는 홍민자가 채록한 1곡, 최필선이 채록한 21곡에 자신이 채록한 6곡을 보태어 27곡(1곡 중복)을 분석한 결과, 22곡이 민요 가락이었다고 밝혔다.7 이 가운데 읊조리는 12곡이 노동요와 연계성을 나타내고 모두 메나리조로 되었으며, 4.4조의 규칙적인 율격을 지녔다. 창가의 영향을 받은 곡이 4곡이고, 그레고리오성가의 영향을 받은 곡은 한 곡조에 지나지 않았다. 천주교 선교가 공인받기 전에 신자들 사이에서 오랫동안 민요풍으로 불려 졌던 천주가사가 20세기 신자들에게까지 그 생명력을 이어왔던 것이다.

필사해 읽거나 가사를 외우던 찬송가

박해기간이 길어서 전례용 그레고리오 성가 대신에 일상생활에서 민요에 얹어 천주가사를 불렀던 천주교와는 달리, 개신교는 초기부터 선교를 공인받았기에 선교사들이 가져온 서양음악의 찬송가를 단순하게 번역하여 부르기 시작하였다. 대부분의 선교사들이 기독

---

6 강영애, "구전되는 천주가사의 음악적 특징", 「예술논집」 3집, 1999, 193.
7 강영애, 같은 글, 208.

교의 토착화 시도를 하지 않았던 것이다. 감리교에서 1892년에 『찬미가』를 출판했으니, 선교를 시작한 지 7년 밖에 되지 않았다. 선교사들이 조선어를 배우는 시간이 필요했으니, 한국어 교사의 도움을 받았더라도 상당히 빨리 추진했음이 분명하다. 그만큼 고민할 겨를이 없었던 셈인데, 악보가 없이 27편의 가사만 실린 찬송가였다.

실물이 남은 것은 적지만, 찬송가가 출판되기 전까지 7년 동안은 필사에 의해 찬송가가 유통되었다. 상업출판이 드물었던 조선시대에 보고 싶은 책을 필사하는 전통은 오래 되고도 일상적이었다. 붓으로 쓰는 필사본에는 당연히 악보가 없었으며, 평소에는 찬송을 가르쳐줄 선교사를 만나기 힘들었으므로 사경회 때에 여러 교회의 교인들이 함께 모여 곡조를 배웠다. 결국 교인들은 평소에 찬송가를 부른 것이 아니라 가사(찬송시)를 읽었는데, 그마저 모든 교인이 필사본 찬송가를 가질 수가 없었으므로 가사를 외워야 했다. 5세부터 『천자문』을 비롯해 『명심보감』이나 『소학』을 외우던 조선인들에게 찬송가 가사를 외우는 것은 쉬운 일이었다. 나도 어린 시절 주일학교에서 궤도에 쓰인 찬송가를 보고 자랐으며, 내가 교사가 된 뒤에도 궤도에 찬송가를 써서 학생들에게 가르쳤다. 내가 보았던 찬송가는 창호지에 썼는데, 내가 교사가 된 뒤에는 아트지에 쓴 것이 달라졌다고나 할까, 악보 없이 가사만 쓴 찬송가의 전통이 백년 가까이 이어졌던 셈이다.

1894년에는 장로교에서도 언더우드가 117곡으로 편집한 『찬양가』를 출판했는데, 상단부에 사성부(四聲部)가 그려져 있고 하단부에는 가사를 편집하였다. 한국에서 서양식 악보가 인쇄된 최초의 음악 책이었다. 언더우드는 상당히 빠른 속도로 한국어를 배웠는데, 서양 찬송가의 곡조와 한국어 번역 가사가 제대로 들어맞지 않는 문제

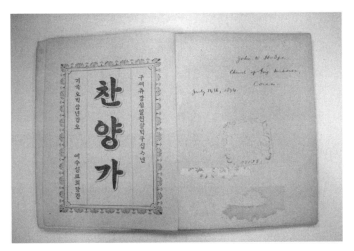

△ 등록문화재 제478호로 등록된 언더우드 『찬양가』 _ 문화재청 홈페이지

로 고심한 듯하다. 그는 서문에서 이렇게 말했다.

곡조를 맞게 하려 한즉 글자가 정한 수가 있고, 자음도 고하 청탁이
있어서 언문자 고저가 법대로 틀린 것이 있으니 아무라도 잘못된
것이 있거든 말씀하여 고치기를 바라오며, 책은 잘못 지었을지라
도 예배할 때에 이 책을 가지고 찬양하여 모든 교형들이 흥기하는
마음이 더 감동하기를 바라노라

이는 영어 찬송가의 가사를 단순히 한국어로 번역하는 어려움만이
아니라, 4.4조를 즐겨 읊조리던 한국인들이 다양한 곡조의 서양 찬송가
의 율조와 억양을 맞출 수 없는 것이 더 큰 문제였음을 고백한 것이다.
언더우드의 『찬양가』는 1892년 『찬미가』보다 분량도 몇 배나 되는데
다가 용도별로 분류가 되어 있어서 예배시간에 부르기 편했으므로 여
러 교회에서 사용하였고, 판을 거듭할 때마다 분량이 늘어났다. 그러나

2판부터는 서양 악보가 없어지고 가사만 편집했으니, 한국 교인들에게는 곡조보다 가사가 중요하다는 사실을 언더우드가 깨달은 것이다. 현재 문화재청 등록문화재 제478호로 등록되어 있다.

저마다 다른 곡조로 불렀던 찬송시

한국고전문학의 시가(詩歌) 장르는 글자 그대로 시(詩)와 가(歌)를 합한 개념인데, 시(詩)는 문자이고 가(歌)는 노래이다. 시는 눈으로 보거나 소리 내어 읽어도 되지만, 가는 소리 내어 불러야만 작가가 본래 의도했던 아름다움을 제대로 느낄 수 있다.

1895년에는 장로교 선교사 그래함 리(Graham Lee)와 기포드(Gifford) 부인이 편집한 『찬셩시』가 출판되었는데 54편의 시가 수록되었다. 이 책은 장로교 선교가 활발했던 서북지역에서 주로 사용되었는데, 계속 증보되어 1902년에 장로교공의회에 의해 공식 찬송가로 채택되었고, 1905년에는 이를 기초로 마펫이 『곡보 찬셩시』를 간행했다. 10년 동안 시(詩)로 부르다가 곡(曲)이 붙으면서 가(歌)가 되었지만, 책 이름은 계속 시(詩)였다.

높은이름 찬양하고 / 넓은은혜 감사하여
우리들의 노래소리 / 한곡조로 높여보세 (1절)
아침부터 귀한사랑 / 저녁까지 참된말씀
노래로 찬송하기가 / 달고단일 이것일세 (2절)

1895년 초판 앞부분에 실린 2장인데, 제목 없이 「○데이」라는 숫자만 한글로 썼고, 가사는 띄어쓰기 없이 여덟 글자씩 내려 썼다. 예전에 가사를 필사하는 형식이다. 속표지 뒤에 실린 「찬성시목록」을 보면 2장의 제목은 「높은 이름 찬양하고」이다. 4.4조로 읽어보기 쉽도록 필자가 현행 띄어쓰기 원칙을 무시하고 맞춤법만 현행 맞춤법에 맞게 고쳐 썼는데, 2절의 "노래로 찬송하기가" 경우에는 4.4조에 어긋난다. 선교사들이 영어 가사를 가능하면 4.4조에 맞게 번역하려고 애썼지만, 이런 경우에는 어쩔 수 없었다. 읽을거리가 없던 교인들은 예배시간에 찬송하는 것보다 집에서 읽는 시간이 훨씬 더 많았으니, 그들에게는 찬양가라는 제목보다 찬송시라는 제목이 훨씬 더 적합하였다. 예배시간에는 당연히 저마다 다른 곡조로 같은 찬송을 불렀다.

시에는 누구든지 곡을 붙일 수 있으니, 악보가 없는 찬송가는 여러 가지 곡조로 불릴 수 있었다. 선교사마다 본국 방식에 따라 다른 곡조를 붙이기도 했다. 물론 악보를 붙이는 것이 아니라, 곡조의 제목만 작은 글자의 영어로 표기하였다. 1903년 성공회에서 간행된 『성회송가』에는 그나마 가사(시)만 실려 있고, 곡조 표시도 없었다. 「높은 이름 찬양하고」는 장로교와 감리교가 합동으로 편찬한 1909년 『찬숑가』에 「높은 이름을 찬송함」이라는 제목으로 10장에 실렸는데 한국 곡조로 부르게 했으며, 주거니 받거니 하는 민요 형식으로 부르게 한 것이 특색이다.

애국가와 찬송가가 섞여 편집된 찬미가

　20세기 초에 서양식 노래를 부르는 곳은 교회와 일부 학교, 군악대가 거의 전부였다. 그러다보니 찬송가가 학교 노래 곡조로, 특히 창가에 많이 사용되었다. 일본 경우에는『소학창가집』(1881~1884)에 실린 91곡 가운데 16곡의 찬미가가 실렸는데, 선율만 선택되었고 가사는 달라졌다. 기독교적 색채를 제거한 것이다.[8] 만주에서 간행된『최신창가집』(광성

중학교, 1914)에도『찬송가』(1908)에 　실린 찬송가가 13편이나 실렸는데,[9] 창가와 찬송가가 넘나드는 현상은 윤치호가 편찬한『찬미가』(1905)에서 더욱 확실하게 드러난다.

　을사조약이 　체결된 1905년에 윤치호는 외부협판 벼슬에서 물러나 교육과 황성기독교청년회 활동에 전념하였는데, 이 시기

△ 1909년 찬송가 10장에 실린 「높은 이름을 찬송함」
　_ 연세대 학술정보원

---

8 박선희, "소학창가집 속의 찬미가와 메이지", 「일본문화연구」 제50집, 2014. 132.
9 민경찬, "한국창가의 색인과 해제", 『한국예술연구소』, 1997, 348-391.

△ 윤치호 찬미가 1장에 실린 〈우리 황상폐하〉(왼쪽), 14장에 실린 "동해물과 백두산이"(오른쪽)

에 간행한 『찬미가』에 15편의 노래가 실려 있다. 찬송가라 표현하지 않고 굳이 노래라고 설명한 까닭은 장로교나 감리교에서 공인한 찬송가가 아니라 개인이 출판한 가사집이기 때문이다. 목차도 없이 시작되는 『찬미가』의 제1장이 「우리 황상폐하」인데 America 곡조로 부르게 되어 있으며, 마지막 부분의 14장이 "동해물과 백두산이"로 시작하는 애국가인데 Auld Lang Sine 곡조로 부르게 되어 있는 것만 보아도 교회에서 부르기 위해 간행한 찬송가가 아님을 알 수 있다. 분량이 15편밖에 되지 않아 교회에서 사용하기 위해 출판한 것은 아님이 분명하지만, 이 책은 교회 배경이 없이도 재판을 찍을 정도로 인기가 있었다. 교회에서 예배시간에도 곡조가 없는 찬송시를 보며 제각기 다른 음정으로 찬송을 부르던 시절이었으니, 교회를 다니지 않던 독자라면 America나 Auld Lang Sine 등의 곡조 표시를 건너뛰어 누군가를 찬미하는 시나 노래로 받아들였을 것이다. 윤치호의 『찬미가』

는 충군애국의 사회분위기 속에 찬송가와 애국가가 함께 편집되어 일반인들이 기독교 노래 가사를 알게 한 공이 있다.

9장
서당의 국민교재『천자문』교육을 활용한
『진리편독삼자경』

조선시대에 가장 많이 팔렸던 책은 무엇일까? 유교 국가였으니 당연히『논어』나『맹자』가 가장 많이 팔렸다고 생각하겠지만, 그보다 훨씬 더 많이 팔렸거나 필사된 책이 바로『천자문』이다.『천자문』을 다 배우고 난 어린이 가운데 일부가『논어』나『맹자』를 배웠기 때문이다. 과거시험 공부라든가 독서, 또는 수양에 뜻을 두지 않은 일반 백성들은『천자문』배운 것만으로도 만족하였다. 한평생 살아가기에 필요한 글자는『천자문』에서 다 배웠던 것이다.

게일 선교사는 조선에 도착한 이듬해인 1889년 3월 17일 황해도 소래(松川)에서 평생의 동역자요, 친구가 된 이창직(李昌稙)을 만났다. 소래교회 교인이었던 한학자 이창직은 게일보다 세 살 어렸으나, 게일은 그를 한국어 선생으로 모셨다. 그를 통해 한국어를 체계적으로 배우면서, 한국어에는 한글뿐만 아니라 한자도 있으며, 독자층이

다르다는 사실을 깨닫게 되었다. 그는 1909년에 간행된 『전환기의 조선』(Korea in Transition)에서 전국 동네마다 설치되어 있는 서당의 『천자문』 교육을 이렇게 설명했다.

전국 방방곡곡에는 서당이 있는데, 거기에는 많은 아동들이 배우기 위해 모여들어 그날 배운 것을 모두 함께 소리 높여 따라 했다. 수업 시간의 1/3은 읽기를, 1/3은 쓰기를, 나머지 1/3은 작문을 했다. (줄임) 더 이상의 정기적인 과거도 열리지 않았고, (줄임) 붓을 잡는다는 것이 불명예스럽게 되었으며, 총소리가 "하늘 천 따 지"와 그 밖에 다른 서당의 구절을 외워대는 아이들의 소리를 대신했다.

전근대 시기에는 과거시험이라는 구체적인 목적을 가지고 전국의 어린이들이 서당에 모여들어 『천자문』부터 배우기 시작했는데,

△ 『몽학도상천자문』 _ 고려대학교 해외한국학자료센터

갑오개혁(1894) 이후 과거시험이 없어졌지만 아직도 서당은 전국 곳곳에 남아 있어 가장 많은 어린이들이 지식을 배울 수 있는 공간이었고, 그 첫 번째 교과서가 여전히 『천자문』이었다. 달라진 것이라곤 한자만 배우던 한석봉 『천자문』과 달리, 한자와 일본어를 함께 배우는 『일선천자문』(日鮮千字文), 『도형주해천자문』(圖形註解千字文) 등이 상업적으로 출판되어 널리 읽혀지기 시작했다는 점이다. 선교사들도 독자층을 확보하기 위해 『천자문』을 선교에 활용하였다.

다섯 살부터 배우던 첫 교과서 『천자문』의 효용성

조선시대 아이들이 가장 먼저 배웠던 글은 『천자문』(千字文)이다. 이 글은 글자 그대로 '천 글자로 된 글'이다. 그래서 '하늘 천(天), 따 지(地), 검을 현(玄), 누를 황(黃)' 하는 식으로 천 글자가 나열된 글, 또는 책이라고만 생각하기 쉽다. 그러나 『천자문』은 한 권의 글이라기보다는 한 권의 시이다.

한시(漢詩)가 되려면 글자 수와 운(韻)을 맞춰야 한다. 오언절구에는 둘째 구와 넷째 구 끝자리에 같은 운에 속하는 글자들을 써서 운을 맞췄고, 칠언절구에는 첫째, 둘째, 넷째 구의 끝자리에 운을 맞춰 지었다. 『천자문』도 네 글자씩 구절을 나누고, 운을 맞춰 지었다.

天地玄黃。 하늘은 검고 땅은 누르며
宇宙洪荒。 우주는 넓고도 크다.
日月盈仄, 해와 달은 차고 기울며

辰宿列張。 별과 별자리는 벌여 있다.

한석봉 『천자문』 첫 페이지를 예로 든다면, '누를 황'(黃)자와 '거칠 황'(荒)자, '베풀 장'(張)자가 모두 양운(陽韻)의 같은 운자이다. 그러니 250구절의 천 글자가 모여 한 편의 장편시가 된 것이다. 이 책을 통해 자연·인간·사회를 다 가르치려고 각 분야의 글자들을 뽑았기 때문에, 시의 의미 전개가 몇 단락으로 나뉘어졌을 뿐이다. 이에 따라서 운도 바꿔 썼다.

△ 조선시대에 가장 많이 팔렸던 책, 한석봉의 『천자문』 _ 장서각

주흥사(周興嗣, 470~521)는 왜 글자 가르치는 책을 지으면서 시 형태로 만들었을까? 예부터 글씨를 공부할 때에는 잘 쓴 글씨를 본받아 썼는데, 글자 하나하나를 베껴 쓰다 보면 순서가 없어서 불편했다. 숙종(肅宗)이 네 살 된 세자(뒷날의 경종)에게 『천자문』을 가르치기 위해 책을 만들면서 직접 서문을 지었는데, 첫머리에 이렇게 설명했다.

양나라 무제(武帝)가 여러 왕자들에게 글씨를 가르치기 위해 은철석(殷鐵石)에게 명하여 위나라 종요(鍾繇)와 동진 왕희지(王羲之)의 글씨 가운데 겹치지 않는 일천 자를 탑본하여 종이 한 조각에 글자 하나씩 쓰게 했는데, 뒤섞여서 순서가 없었다. 그래서 주흥사에게 명하여 운(韻)을 붙이게 했다. 주흥사가 하루 사이에 편집하느라고 검은 머리와 수염이 모두 희어졌다고 한다.

숙종이 말하는 순서란 줄거리, 바로 스토리텔링이다. 주흥사가 머리가 희어질 정도로 고심한 까닭은 그 글자들을 골고루 써서 하나의 문장을 만드는 것도 힘들었지만, 한 글자도 겹치지 않게 만드는 것이 더 힘들었기 때문이다. 게다가 시가 되려면 각 구절마다 마지막 글자의 운을 맞춰야 하니, 운자(韻字)를 고르기가 더욱 힘들었을 것이다. 천자문의 별명을 백수문(白首文)이라 하는 것도 주흥사의 흰머리 전설을 기념하기 위해서이다.

예전에 서당에서 아이들이 천자문을 외울 때 "하늘 천(天), 따 지(地), 검을 현(玄), 누를 황(黃)" 하면서 높고 낮게, 길고 짧게 한목소리로 외웠던 것만 생각해봐도 알 수 있듯이, 운율 있는 시가 지루하지도 않고 외우기도 좋았다. 예전『천자문』은 세로쓰기였기 때문에, 몸을 앞뒤로 흔들면서 외우면 더 잘 외워진다. 의자가 없던 시절 마룻바닥에서 예배드리던 교회당에서 찬송가를 부르면 자연스럽게 이런 동작이 취해졌다.

『천자문』이 시였기 때문에, 어린이들 사이에 민요로도 널리 불려졌다. 예안지방에 전해지는 천자풀이 "하늘천 따따지 / 가마솥에 누룽지 / 딸딸 긁어서 / 배꼭다리 한 그릇"은 지금도 많은 아이들이 알고 있다. 한자의 특징을 해학적으로 풀이해서 불렀던 노래인데, 어렵고 지겨운 한자공부를 재미있게 하기 위해서 노동요같이 불렀다. 이같이 전 국민적인 인기를 얻은『천자문』의 효용성을 마펫 선교사나 게일 선교사가 간파하고, 기독교의 진리를 『천자문』 형태에 담아 선교하였다.

마펫 선교사의 한국어 실력과 한문교재 교육

1884년부터 개신교 선교사들이 한국에 들어오기 시작하면서 가장 중요하게 생각한 것 가운데 하나가 바로 한국어교육이다. 초기에는 장로교, 감리교가 따로 문법책과 회화책을 만들고 가르쳤으며, 연합어학교를 개설하기 전에는 교파별로 언어위원회, 또는 한국어학습위원회를 설치하여 3년 과정의 교육과 시험을 통과한 선교사만 투표권을 가진 시니어 선교사가 될 수 있었다.

1890년 1월 20일 한국에 왔던 마펫(Samuel Austin Moffett, 1868~1939) 선교사는 한국어 학습 속도가 매우 빨랐는데, 2년 학습과정을 거친 뒤인 1892년 1월에 제임스 게일, 루이즈 로드와일러, 메리 헤이든 기퍼드로 구성된 한국어시험위원회는 이렇게 보고서를 제출하였다.

평상시 선교회의에서 영어로 대화할 때와 같은 자유로움 없이 참여한 자들의 문답에 각자 30분이 할애되었다. 한국어를 말하기 위해서 참여자 모두 힘게 노력했음이 분명했다. 그렇지 않았다면 이런 결과를 기대할 수 없는데, 2년은 본토어를 유창하게 말하기에는 충분하지 않은 기간이기 때문이다.

이어서 마포삼열 목사에게 기억나는 대로 씨 뿌리는 자의 비유를 번역하도록 요구했다. 그는 이것을 해냈다. 또한 영어 성경의 일부분도 한국어로 읽어보라고 요구했다. 이 역시 그는 약간 어려워하며 해냈다. 언문으로 쓴 글의 읽기는 아직 충분히 익숙하지 않았다. 그 자신에게는 조금도 만족스럽지 않았겠지만 모든 심사 결과 그가 2년간 한국에서 힘든 사역을 한 후 이제는 모든 일상의 대화를 이해할 수 있고, 비록 힘은 들더라도 본토인에게 그가 바라는 생각을 전달할 수 있다는 사실의 증거를 얻었다.[1]

마펫 선교사는 상당히 빠른 속도로 한국어를 배웠는데, 마지막 3차 년도 시험을 앞두고 1892년 11월 23일 선교회 총무 엘린우드 박사에게 보낸 편지에서 그가 이미 한국어 설교를 하게 되었음을 확인할 수 있다.

기퍼드 부인과 저는 매주 주일 저녁 여자들을 위한 정기예배를 시작했습니다. 기퍼드 부인이 책임지고, 저는 설교를 맡았습니다. 저는 의사소통을 상당히 자유롭게 할 수 있다고 확신할 정도로 한국어 실력이 향상되었고, 이제 한국인에게 길게 이야기할 수 있어서 깊이 감사하고 있습니다.[2]

이 무렵에는 언더우드와 헤론 선교사가 서울에서 시작한 원두우 고아학당이 궤도에 올라 있었다. 마펫은 1891년 2월부터 이 학당의 책임자가 되었는데, 그는 이 학교를 '남학교'라 불렀고, 기포드 선교

---

1 옥성득 책임편집, 『마포삼열 서한집』 제1권, 두란노아카데미, 2011, 259
2 같은 책, 347.

사는 예수교학당이라고도 기록했다. 마펫이 1893년 1월 20일에 제출한 「1892~93 장로회 연례회의 남학교 보고」에 남학교의 교육과정이 소개되어 있다.

나는 학생들에게 부분적인 지원을 제공하는 남학교로 재건되는 진행과정을 보고할 수 있는데, 소년 29명이 등록했고 그 가운데 18명이 학년 말에 남았다. … 나이 많은 소년 2명이 『맹자』3~5권을 읽었고, 곧 유교의 3경에 들어갈 것이다. … 다른 많은 소년들은 경전에 들어가기 전에 한문의 기초로서 『사기』를 읽고 있다. 이들 역시 동시에 마태복음과 요한복음을 한문으로 읽었다.
내가 지도하는 많은 소년들은 『언문 사민필지』를 끝냈고, 그것에 대해 시험을 쳤다. 또한 나는 주당 1시간씩 아라비아 숫자를 사용해 산수도 지도했는데, 모든 수업은 언문과 한자를 사용하면서 토착어로 했다. 여름 동안 한국식 교수법에 따라 상당한 시간을 쓰기와 작문에 쏟았는데, 1년 내내 그렇게 사용했다.
가장 어린 소년들은 초등학교용 한문 교과서들을 읽고 한문과 언문 쓰기를 해 왔으며, 나의 지도 아래 두 권의 기독교 소책자인 『훈몽자해』(訓蒙字解)와 『묘축문답』(廟祝問答)을 읽고 있는데, 그 목적은 잘 읽도록 가르치고 기독교 원리를 지도하는 것이다. 또한 그들은 한문으로 진행되어 온 요리문답 수업도 듣는다.3

마펫 선교사는 네비우스 방식을 따라 자급을 강조하며 재무건전성을 확보하기 위해 의식주 및 교육비 지원제도를 폐지하고 교육비

---

3 같은 책, 367.

일부만을 지원하는 Day School 체제로 전환하였는데, 등록생 가운데 십여 명이 떨어져 나간 이유가 그 때문인지는 알 수 없다. 이 학당은 한문교육이 바탕을 이루고 있었는데, 서당에서 이미『천자문』을 마치고 입학한 나이든 학생들은 사서삼경(四書三經)을 배웠으며, 어린 학생들은 마펫에게서 기독교 소책자인『훈몽자해』(訓蒙字解)와『묘축문답』(廟祝問答)을 배웠다고 한다.

『묘축문답』(廟祝問答)은 중국의 선교사 기네어가 1856년에 간행한 *Conversation with a Temple Keeper*를 아펜젤러 선교사가 한글로 번역한 배재학당 교재인데,『훈몽자해』(訓蒙字解)는 최세진(崔世珍, 1468~1542)이 편찬한 아동용 한자교재『훈몽자회』(訓蒙字會)를 가리키는지 확실치 않다.『훈몽자회』는『천자문』의 한계를 극복하기 위해『훈민정음』의 원리부터 설명하고, 한자 3360자를 천문(天文), 지리(地理) 등 33개의 항목으로 나누어 천지소양(天地霄壤) 건곤우주(乾坤宇宙)

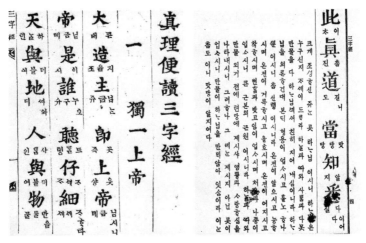

△ 1895년 목활자본『진리편독삼자경』(왼쪽), 1908년 마펫 선교사 번역판『진리편독삼자경』 언해 부분(오른쪽) _ 연세대학교 국학자료실

일월성신(日月星辰) 음양절후(陰陽節侯) 순으로 네 글자씩 소개한 책이다. 마펫이 '기독교 소책자인 『훈몽자해』(訓蒙字解)'라고 했으니 비슷한 형식으로 '기독교 훈몽자회'(訓蒙字會)를 새롭게 편찬했을 가능성도 있지만 실물이 남아 있지 않아 알 수가 없다. 어쨌건 마펫 선교사가 이미 『천자문』 학습 수준을 넘어서 한국 학생들을 한국어와 한문으로 가르친 것만은 확실하다. 한국에서 문서선교를 하려면 한문 바탕이 중요하다는 점을 확신한 것이다.

성경의 가르침을 석 자씩으로 요약한 『진리편독삼자경』(眞理便讀三字經)

선교사들의 문서선교 가운데 『천자문』 계열로는 마펫 선교사가 1908년에 번역 간행한 『진리편독삼자경』(眞理便讀三字經)과 게일 선교사가 1901년부터 간행한 『유몽천자』(牖蒙千字)가 가장 널리 읽혀졌다. 1903년 일본 후쿠인 인쇄소에서 출판한 『유몽천자』(牖蒙千字) 속표지에 "*The Thousand Character Series*"라는 총서명을 밝혀, 게일 선교사가 『천자문』 형태의 총서를 계속 간행하려고 했음을 확인할 수 있다.

중국 어린이들에게는 '삼백천'(三百千)이라 하여 『삼자경』(三字經), 『백가성』(百家姓), 『천자문』(千字文) 이 3대 교과서였는데, 『천자문』보다 송나라 왕응린(王應麟)이 편찬했다는 『삼자경』(三字經)이 더 많이 읽혔다. "人之初 性本善"으로 시작하여 "戒之哉, 宜勉力"까지 356구가 학습동기, 지식확충, 경전소개, 역사교육, 근학사례의 다섯 단락으로 이루어져 있다. 『천자문』은 중복된 글자가 없지만, 『삼자경』은 문장 중심이어서 중복된 글자가 많다. 유학적인 내용 중심으로 편집하고 압운하였으므로, 『천자문』이 4언시라면 『삼자경』은 3언시이다. 첫 부분을 예로 든다면 "사람이 처음 태어날 때에는 성품이 본디 착해, 성품이 서로 비슷하지만 습성은 서로 멀어진다(人之初, 性本善。 性相近, 習相遠。)"이라고

△ 게일 선교사가 『유몽천자』 영문 속표지에 밝힌 천자문총서 _ 연세대학교 국학자료실

하여 선(善)자와 원(遠)자를 압운하고, 맹자(孟子)의 성선설(性善說)을 쉽게 설명하였다. 글자도 가르치면서 『소학』(小學)의 역할도 맡은 것이다.

명나라 현람당(玄覽堂)에서 1607년에 간행한 『신간삼자경』(新刊三字經)을 교서관(校書館)에서 입수하여 이식(李植, 1584~1647)의 발문을 붙여 간행하였는데, 그 뒤에 윤광연이 주해(註解)를 수정 보완하고 윤광연의 문인인 박병은, 권도인, 윤근진, 임도철 등이 목활자를 만들어 1825년에 『증주삼자경』(增註三字經)을 간행하였다. 조선에서는 이 책이 널리 읽혔다.

중국 선교사들이 『삼자경』을 기독교 선교에 활용했는데, 월트 메드허스트(Walter H. Medhurst, 1796~1857)가 1823년 바타비아(지금의 자카르타)에서 처음 출판한 이후, 말라카, 싱가폴, 홍콩 같은 화교 지역에서 여러 가지 버전으로 출판되다가 1845년 상해에서 신판이

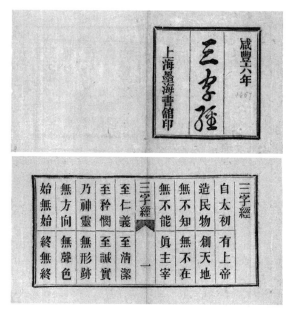

△ 메드허스트 선교사가 1856년 상해에서 간행한 『삼자경』

간행되었다. "1843년판 『삼자경』을 보면 우선 여호와의 천지창조 이야기에서 시작하고, 이어서 아담 하와의 낙원 추방에 이르며, 이하에서는 성경의 요의(要義)를 전개하고 있다. 그리고 인간은 동물과 달리 영성을 갖고 있음을 강조하고, 기독교를 믿어 구원에 이르러야 함을 권장하고 있다."[4]

1810년대에 중국 천주교회가 중국의 전통을 파괴한다는 인식이 퍼지면서 개신교 선교사들도 말레이반도나 자바섬 일대로 선교지를 옮겼는데, 메드허스트 선교사는 중국어뿐만 아니라 미래의 선교지로 생각하던 일본과 한국의 언어도 공부하였다. 문서선교에 힘썼던

---

4 조훈, "월트 메드허스트의 중국어 저술에 대한 연구", 『총신대논총』 34집, 2014, 133.

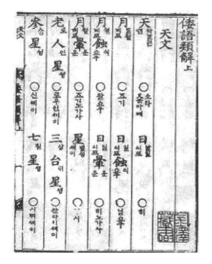

사역원간 『倭語類解』 첫 면

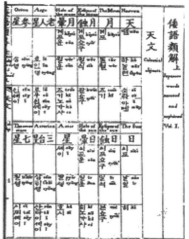

『朝鮮偉國字彙』 '倭語類解' 첫 면

석봉 천자문

『朝鮮偉國字彙』 '千字文' 일부

△ 메드허스트 선교사가 『조선위국자휘』에 소개한 『조선천자문』 _ 연세대학교 국학자료실

그는 중국어로 된 책 59종, 말레이어로 된 책 6종, 영어로 된 책 27종을 지었는데, 바타비아에서 1835년에 출판한 한국어 교사휘집『조선위국자휘』(朝鮮偉國字彙)에『천자문』을 소개하고 영어로 번역하였다. 그가 한국어를 더 배웠더라면 한국어판『삼자경』도 편찬했을텐데, 그 작업을 한국어를 배운 지 몇 년 안됐던 마펫 선교사가 결국 해냈다.

중국은 1858년에 톈진조약을 채결하면서 후베이성의 상업도시 한커우(漢口)를 개항하여 영국, 독일, 프랑스, 러시아, 일본 5개국의 조계(租界)를 설치했는데, 이곳에서 선교하던 존 그리휘트(John Griffith 1831~1912)도『삼자경』의 효용성을 인식하고 1890년에『진리편독삼자경』(眞理便讀三字經)을 간행하였다. 이 책은 곧바로 한국에 수입되어 1895년 야소교서국(耶蘇教書局)에서 목활자본으로 번역 간행되었다. 1908년에 마펫 선교사 이름으로 예수교서회에서 다시 간행하게 되었는데, 글자가 조금 달라졌을 뿐이다. 아마 1895년의 초판도 마펫 선교사가 번역했을 가능성이 크다.

독자들이 읽기 쉽게 세 글자씩 두 구가 한 줄에 편집되었으며,『천자문』방식 그대로 훈과 음을 달았다.『천자문』과 차이점이 있다면 한 장(章)이 끝나는 부분에 언해를 붙였다는 점이다. '번역'이라 하지 않고 '언해'(諺解)라고 한 것부터 전통적인 한문독자를 위한 배려인데, 이러한 편집은 마지막 장까지 반복되어 교육 효과를 높였다. 「독일상제」(獨一上帝)부터「경성유동」(警醒幼童)까지 16장으로 나뉘어져, 어린이들에게 기독교의 교리를 깨우치게 하는 내용이다.

화봉문고에『진리편독삼자경』1908년 활자본과 함께 1895년 초판을 찍을 때에 사용한 활자도 소장되어 있는데, 화봉문고에서 임

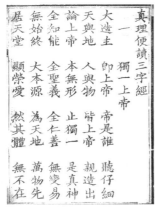

△ 중국에서 간행된 그리휘트『진리편독삼자경』1902년 중간본 _ 연세대 국학자료실

의로 「야소삼자경자」(耶蘇三字經字)라고 이름을 붙였다. 삼자경의 본문이라고 할 수 있는 한자(漢字)는 큰 목활자(木活字)이고, 그 아래에 음과 훈을 기록한 한글은 작은 연활자(鉛活字)이다. 화봉문고 홈페이지에는 1908년 활자본만 이미지를 공개하고, 활자는 공개하지 않았다. 화봉문고에서는 2016년 2월 13일부터 12월 31일까지 「한국 고활자의 세계」라는 전시회를 개최하였는데,「야소삼자경자」(耶蘇三字經字)는 한글 활자로 분류되어 있다.

네 글자로 요약한 『진리편독삼자경』의 작은 제목들은 다음과 같다.

1. 獨一上帝독일상제 (홀로 한 분이신 하나님)
2. 封神之謬봉신지류 (인간을 신으로 모시는 잘못)
3. 萬有眞原만유진원 (만유의 참 근원)
4. 聖賢敬帝성현경제 (성현들의 하나님 공경)
5. 人之本源인지본원 (인간의 본원)

6. 鬼神之別귀신지별 (귀신과 하나님의 구별)

7. 歌頌上主가송상주 (찬양해야 할 하나님)

8. 救世眞主구세진주 (세상을 구원하는 참 임금)

9. 聖神感化성신감화 (성신의 감화)

10. 福音聖教복음성교 (복음으로서의 기독교)

11. 去假歸眞거가귀진 (거짓을 버리고 참으로 돌아오기)

12. 詳論禱告상론도고 (기도에 대한 상론)

13. 審判善惡심판선악 (선악의 심판)

14. 聖教經典성교경전 (기독교의 경전)

15. 略引聖經약인성경 (성경의 요약)

16. 警醒幼童경성유동 (아이들에 대한 깨우침)

『유몽천자』(牖蒙千字)

이 책은 게일 선교사가 이창직(李昌稙)과 함께 1901년부터 1904년에 걸쳐 편찬한 아동 학습서이다. 서문에서 "태서 사람의 아해 교육 식히는 규례를 의방하야 지은 책"이라고 했는데, 캐나다 "The Ontario Public School"의 교재를 참고하여 편찬하였고, 예수교중학교(지금의 경신고교)에서 교과서로 사용하였다.

'유'(牖)는 "열다. 인도하다"라는 뜻이고, '몽'(蒙)은 『동몽선습』(童蒙先習)이나 『격몽요결』(擊蒙要訣)에서 보듯이 어린아이라는 뜻이니, '유몽천즈'(牖蒙千字)라는 책이름은 '어린이를 가르치는 천자문'이라는 뜻이다. 외국어가 들어오면서 이 시기에 여러 종류의 『천자

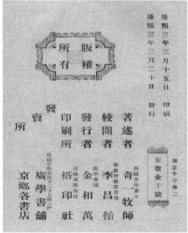

△『유몽천자』첫 장(왼쪽)과 판권(오른쪽). 판권에는 '저술자 기일(게일)', '교열자 이창직'이라고 쓰여 있다.

문』들이 나왔는데, 다른 『천자문』들과 달리 이 책은 새로운 세상을 가르치기 위해 만들어졌다.

전체 4권 4책으로 되어 있고, 각 권마다 30여 과로 나누어 주제별로 설명하고 있는데, 설명에 앞서 본문에 나오는 한자의 새김과 독음을 소개하고 있다. 1, 2, 3권까지는 국한문혼용체로 천문학, 세계사, 보건, 근대 사상, 영미 문학, 생활 교훈 등의 내용을 담고 있고 4권은 『동국여지승람』(東國輿地勝覽)이나 『동문선』(東文選) 등에서 발췌한 한문으로 되어 있다. 2권의 서문에 "초권에 업는 시 글ᄌ 쳔ᄌ를 더 류취ᄒ엿스니 심히 어려온 바는 아니오 다만 어린 아히를 가ᄅ치는 법에 계뎨를 좃차 졈졈 놉흔 등급에 오ᄅ난 차셔를 일치 안케 홈이로다"라는 언급이 있어, 각 권별로 단계가 높아짐을 알 수 있다.

『유몽천자』 각 권의 초판은 일본의 후쿠인 인쇄소에서 간행되었는데 이후 한국의 광학서포에서 조금씩 수정해서 재판 또는 3판이

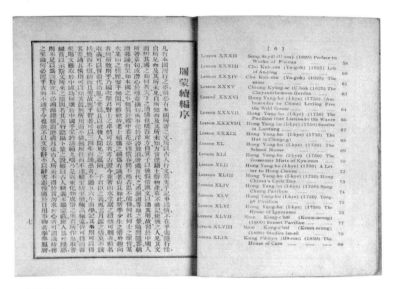

△『유몽천자』서문(왼쪽)과 목록(오른쪽)

간행되었다.

지금도 계속되는『천자문』을 통한 성경 읽기

어릴 적에 유년주일학교에서 가장 많이 불렀던 찬송가 가운데 하나가 "참 아름다워라, 주님의 세계는"이라는 가사로 시작되었는데, 『천자문』이나『훈몽자회』, 성경전서가 모두 "참 아름다운 세계'로부터 시작된다. 1899년 대영국국고성교회(성공회)에서 간행한『구약활요』첫 장에 보이는 한자 가운데 상당수가『천자문』앞부분의 글자들과 겹친다. 그래서 성경을『천자문』과 결합하여 이해하려는 시도가 예전부터 있었다.

舊約撮要

天主創造天地萬物及人類事

현휴ㅣ비로소텬디만물과밋인류물치으심이라

太初之時天主創造天地乃虛曠際晦冥天主之神
照乎水面天主曰宜有光卽有光天主視光爲善遂判
光暗謂光爲晝謂暗爲夜有夕有朝是乃首日○天主曰
宜有穹蒼使上下之水相隔遂作穹蒼而上下之水截然
中斷有如此也天主謂穹蒼爲天有夕有朝是乃二日○
天主曰天下諸水宜匯一區使陸地顯露有如此也謂乾
土爲地謂水匯爲海天主視之爲善天主曰地宜生草蔬
結實樹生菓菓懷核各從其類有如此也地遂生草蔬結

△『구약촬요』첫 장

『천자문』에 대한 일반 학부모들의 신뢰는 요즘도 대단해서 한자학원이 성행하거니와, 『천자문』과 성경을 결합해보려는 성경천자문, 기독천자문이 일부 신자나 교육자들에 의해 시도되었다. 『천자문』을 통해서 성경 독해력을 증진시키려는 시도도 계속되고 있으며, 구체적으로는 기독교 관련 『천자문』 출판이나 교육으로 이어지기도 했다. 성경을 바탕으로 만든 『信 천자문』, 『한자 기초와 성경천자문』, 『성경으로 본 천자문』, 『한자성경과 천자문으로 쉽게 배우는 한자교육방법』 등의 단행본이 시중에 나와 있다.

목회자와 교회사 연구자들을 위해 성실서당에서 『천자문』 교육을 한 뒤에 책걸이하는 기사가 기독교 언론에 소개되었는데, 책걸이 감사예배를 세책례(洗冊禮)로 표기하는 시도가 돋보였다. 훈장으로부터 수료증을 받은 목회자나 교회사 연구자들이 한국기독교사료연구소 회원에 신입회원으로 가입했다고 하니, 교회사 연구자들의 저변이 확대되어 기독교사료가 지금보다 더 빨리 번역 정리되리라고 기대해도 좋을 듯하다.

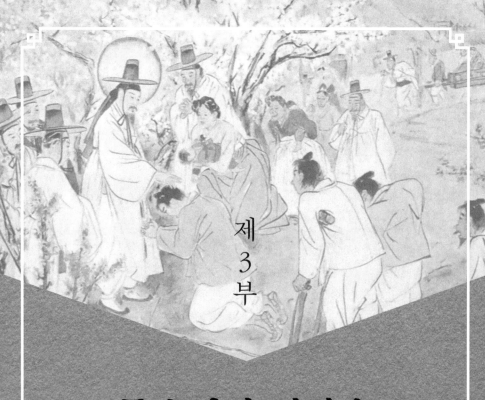

제
3
부

목숨이나 신앙을
지키기 위해
주고받은 편지

10 장
천주상을 돌려주는
소현세자의 편지

　우리 국민들에게 한국의 문화유산 가운데 으뜸을 꼽으라면 대부분 한글, 즉 『훈민정음』을 꼽을 것이다. 『훈민정음』 반포 이전에는 당연히 우리 고전문학이 한문으로만 기록되었지만, 그 이후에는 시조, 가사 같은 국문문학도 창작되어 「사미인곡」이라든가 「어부사시사」를 비롯해 주옥같은 우리말 시가를 한두 줄 정도는 외울 수 있게 되었고, 「춘향전」이라든가 「홍길동전」 같은 소설도 짓게 되었다. 신라 향가라든가 고려 가요를 읽을 수 있게 된 것도 역시 『훈민정음』 덕분이다.

　세종대왕이 『훈민정음』을 제정한 목적은 "나라 말씀이 중국과 달라 문자(한자)와 서로 통하지 않으므로, 어린 백성이 하고 싶은 말이 있어도 제 뜻을 전하지 못하는 사람이 많다. 내가 이를 가엽게 여겨 새로 스물여덟 자를 만드니, 사람마다 쉽게 익혀 날마다 쓰기에 편하게 하고자 할 따름이다"라는 서문에 잘 밝혀져 있다. 한마디로 말하

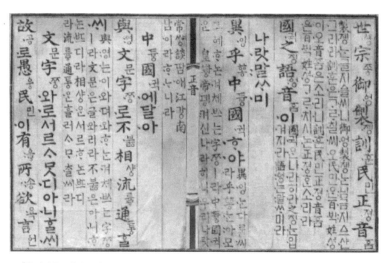

△ 『훈민정음』 언해본 서문

면 "우리 말이 한자와 서로 통하지 않는 것(與文字, 不相流通)"이 문제
였는데, 이는 어리석은 백성뿐만 아니라 국가에도 문제였다. 국가와
국민 사이에 제대로 소통되지 않았던 것이다. 조선시대의 외교 지침
은 사대교린(事大交隣)이었는데, 문자가 다르다보니 중국이나 일본
과의 외교에도 문제가 많았다. 다양한 소통의 도구가 바로 편지였다.

과거시험 과목 대부분이 다양한 편지 형식

　조선시대 문과 시험에 초시나 회시에서는 강경(講經) 외에 표(表) -
전(箋) - 책(策)을 시험하였으며, 최종시험인 전시에서는 제(制) - 조
(詔)를 시험하였다. 표(表)와 전(箋)은 신하가 임금에게 올리는 글이
고, 책(策)은 임금이 묻고 신하가 답하는 글이며, 제(制)와 조(詔)는

임금이 신하와 백성들에게 내리는 글이니, 모두 공식적인 편지이다. 세종이 『훈민정음』을 만든 까닭은 한문을 배우지 않는 백성도 왕의 공식적인 편지를 읽을 수 있고, 왕에게 편지를 올릴 수 있게 하려는 뜻이었다. 그랬기에 필요에 따라 언문 상소도 지어지고, 언문 교서도 선포되었다.

우암 송시열의 문집은 215권이나 되는 방대한 분량인데, 상대방과 내용에 따라 여러 가지 형식의 편지를 썼다. 그의 문집인 『송자대전』(宋子大全) 권5는 봉사(封事), 권6부터 권20까지는 소(疏)와 소차(疏箚), 권21은 계사(啓辭), 권22부터 권25까지는 서계(書啓), 권26은 헌의(獻議)인데, 모두 공식적인 편지이다. 권27부터 권129까지가 서(書)인데, 개인적인 편지이다. 상대방의 신분과 내용에 따라 여러 가지 형식의 편지를 썼다. 문집 215권 가운데 125권 이상이 편지니, 그는 수천 편의 편지를 쓰며 살았다. 원고를 구하지 못해 문집에 싣지 못한 편지까지 생각해보면, 그는 날마다 편지를 쓴 셈이 된다.

임진왜란 때에 나라를 구했던 충무공 이순신도 긴급한 전투상황을 날마다 왕에게 편지로 써서 아뢰었으니, 그의 문집인 『이충무공전서』 권수(卷首)는 선조가 충무공에게 보낸 편지 교유(教諭)와 사제문(賜祭文), 권1은 시 5수와 산문 11편, 권2부터 권4까지는 장계(狀啓), 권5부터 권8 마지막까지가 『난중일기』이니, 권1에 실린 시 5편을 제외하면 그의 문집은 편지와 일기로 이루어진 셈이다. 권1의 산문도 대부분 개인들에게 보낸 편지이기 때문이다.

조선시대에는 멀리 떨어져 있는 스승과 제자 사이에 편지를 통해 질문하고 대답한 경우도 많은데, 퇴계 이황과 고봉 기대승 사이에 7년

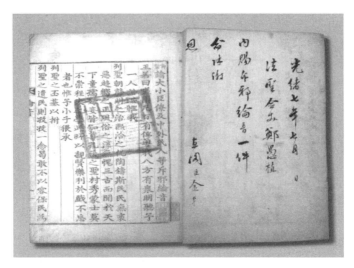

△ 고종이 천주교를 믿지 말라고 신하와 백성들에게 내린 편지 『척사윤음』. 오른쪽의 내사기(內賜記)에 "법성포 첨사 정우식에게 준다"라고 썼는데, 정우식이 이 편지를 다시 크게 옮겨 써서 법성포 주민들에게 공개하였다.

동안 오간 사단칠정론(四端七情論) 같은 경우는 세계적인 서간문학이자 철학논문이라고도 볼 수 있다. 이 편지들은 뒷날 『양선생 왕복서』 3권, 『양선생 사칠이기 왕복서』(兩先生四七理氣往復書) 2권으로 편집 출판되었으니, 우리나라는 세계에서 보기 드문 편지의 나라다.

소현세자가 천주상과 교리서를 받고 선교사 아담 샬에게 보낸 편지

우리나라에서 기독교 관련 기사가 보이는 최초의 책은 이수광이 1614년에 지은 『지봉유설』인데, 천주가 천지를 창조했으며, 사람의 영혼은 불멸하고, 천당과 지옥이 있다고 하였다. 그는 중국에 세 차례나 사신으로 다녀왔는데, 1611년에 마테오 리치의 『천주실의』를 가져왔지만 기독교를 믿지는 않았다.

이수광 다음으로 기독교에 대한 이야기를 기록한 사람은 유몽인인데, 1621년에 『어우야담』을 엮으면서 기독교를 이렇게 소개하였다.

> 인도의 서쪽에 '구라파'라고 하는 나라가 있다. '구라파'는 그곳 나라의 말로 큰 서쪽이라는 뜻이다. 그 나라에 한 도(道)가 있으니, 기례단(伎禮怛, 크리스천)이라고 한다. 그곳 나라 말로 '하나님을 섬긴다'는 뜻이다. 그 가르침은 유교도 아니고 불교도 아니며, 선교(仙教)도 또한 아니다. 따로 한 이단을 세운 것이다. 그들은 마음을 쓰거나 일하는 것까지도 하늘에 어긋나지 않는다고 하며, 각기 하나님의 모습을 그려서 받들고 섬긴다. 그들은 부처와 노자 및 우리의 가르침(유교)을 원수처럼 배척한다.

유몽인은 이어서 허균이 처음으로 기독교를 우리나라에 들여왔다고 밝혔다.

> 동남쪽의 여러 오랑캐들이 그 가르침을 자못 높여서 믿고 있었다. … 오직 우리나라만이 미처 알지 못하고 있었는데, 허균이 중국에 갔다가 그들의 지도와 게(偈) 12장을 가지고 왔다. 그들의 말 가운데는 이론이 많다. 천당과 지옥이 있다고 하며, 결혼하지 않는 것이 옳다고 하니, 우리의 가르침을 거스르고 세상을 현혹시킨 죄를 어찌 벗어날 수 있겠는가?

이수광과 유몽인의 기록에는 7년의 차이가 있는데, 그 사이에 미

△ 소현세자와 교류했던 선교사 아담 샬

묘한 변화가 있었다. 허균이 1618년에 난을 일으키려다가 실패하여 역적이라는 죄명으로 처형당한 것이다. 허균은 평소에도 성리학의 장벽을 넘어 불교와 도교 경전을 열심히 읽고 나름대로의 신앙도 가지고 있었으므로, 성리학의 말폐가 나타나기 시작한 조선 사회를 개혁할 수단으로 기독교를 생각했을 가능성이 있다. 그러나 허균 자신이 1615년 북경에 갔다가 금서(禁書)로 지정된 이탁오(李卓吾)의 『분서』(焚書)를 구해 읽고 시를 지은 것과 달리, 기독교에 관한 기록은 한 줄도 남기지 않아 더 이상의 추론은 불가능하다. 유몽인이 허균의 단점을 나열하다가 천주교 이야기를 했으니, 역적으로 처형당한 허균에게 죄목 하나를 더하는 것이 목적이었지, 그에 따른 증거를 밝히지는 않았다.

기독교에 관한 본인의 기록은 소현세자가 1644년 북경에서 예수회 선교사 아담 샬에게 보냈다는 편지에서 처음 확인된다. 이 편지는 실물이 남아 있는 것이 아니라, 아담 샬의 라틴어 회고록에 인용되어 있다.

그들은 귀국할 무렵에 사은의 정표로 적지 않은 선물을 제게 주었을 뿐 아니라, 눈물까지 흘렸습니다. 조선인들이면 누구나 흔히 그렇듯이, 조선 임금 역시 학문을 즐겼습니다. 그래서 제가 지닌 책들을 모조리 선물했습니다. 역서(曆書)들뿐 아니라 (천주의) 계명을 다루는 책들도 선물하고 천구의(天球儀)와 구세주상도 선물했습니다. 그랬더니 임금은 자기 궁전에서 친필 한문으로 다음과 같은 서한을 제게 보내 왔는데, 그 내용인즉 선물이 매우 흡족하다는 것이었습니다. 임금은 이렇게 말했습니다.

"어제 뜻밖에 제게 보내주신 구세주(救世主) 천주상(天主像), 역서(曆書)들, 기타 서학서(西學書)들을 선물로 받고 제가 얼마나 감격했는지 상상도 못하실 것입니다. 이로 말미암아 저는 신부님께 큰 빚을 졌습니다. 몇몇 서책들을 대충 살펴보니 저희가 이제까지 모르던 교리를 다루더군요. 마음을 닦고 덕을 기르는데 매우 적절한 교리입니다. 저희 나라는 명오(明悟)가 어두워 이제까지 이 교리를 알지 못했습니다. 성화상은 장중하여, 벽에 걸어놓고 바라보는 이들의 마음을 가라앉히고 마음에서 온갖 불결과 먼지를 없애줍니다. 천구의(天球儀)와 역서들로 말하면 저희 시대에 없어서는 안될 만큼 소중한 것들입니다. 저는 얼마나 큰 행운을 얻었는지 모를 지경입니다. 제 나라에도 천구의와 역서들이 있기는 합니다만, 고백하거니와 오류투성이라 몇백 년 전부터 자주 틀리곤 했습니다. 그러니 이 소중한 선물을 받고 어찌 마음으로부터 기뻐하지 않을 수 있겠습니까? 제가 조선으로 돌아갈 때 이것들을 궁중으로 가지고 갈 뿐 아니라, 인쇄하고 복사해서 선비들에게 널리 알리겠습니다. 선비들은 마치 사막에 살다가 학문의 전당으로 옮겨가는 행운을 맞은 양 탄복할 것이요, 조선인들이 이 모든 지식을 서양인들에게 신세졌다는 것을 알게 될 것입니다."[1]

---

1 소현세자가 한문으로 쓴 편지는 아담 샬이 라틴어로 번역하여 자신의 회고록에 인용

조선왕조의 외교지침은 사대교린(事大交隣), 즉 큰 나라는 섬기고 이웃 나라와는 (동등하게) 사귀는 것이었다. 큰 나라는 당연히 중국인데, 역사상 하(夏)·은(殷)·주(周) 삼대로부터 청나라에 이르기까지 중국(中國)이라는 고유명사의 나라는 없었다. 중국은 중원의 나라, 중화(中華) 문명의 나라라는 뜻인데, 설명할 필요도 없이 한족(漢族)의 나라였다. 한족의 나라가 아닌 요(遼), 금(金), 원(元)에게는 사대를 하지 않으려 했기에 침략을 당했으며, 한족의 나라 명(明)을 거쳐 만주족의 나라 후금(後金)이 건국되자 역시 사대하지 않으려다가 두 차례나 침략을 당했다. 후금은 1627년(정묘)에 형제의 맹약을 맺고 돌아간 뒤에 군신의 의(君臣之義)로 바꾸자고 요구했으며, 조선은 1636년(병자) 청나라의 침략을 물리치지 못하고 1637년 정월 남한산성에서 내려와 삼전도(三田渡)에서 항복함으로써 새로운 사대 관계가 맺어졌다.

청나라는 소현세자와 봉림대군(뒷날의 효종)을 인질로 잡아 심양(瀋陽, 당시 청나라 수도)으로 돌아갔다. 소현세자는 9년 동안 인질로 잡혀 있으면서 조선의 외교관 역할도 했는데, 1644년 9월에 북경에 들어가 90일을 머물며 서양인이 주관하던 천문대를 찾아가 역법(曆法)에 관심을 가졌다. 이때 독일인 신부 아담 샬(湯若望)을 만나 친하게 사귀었으며, 자신의 숙소 문연각(文淵閣)으로 초청하기도 했다고 한다.

했고, 1931년에 뮈텔 주교에 의해 프랑스어로 번역되었으며, 1994년에 정양모 교수가 라틴어를 한글로 직역하였다. 장정란의 논문 "아담 샬의 생애와 유교관"(「종교사학연구」 7권 1호, 1994)에 이 편지를 부록으로 실었다.

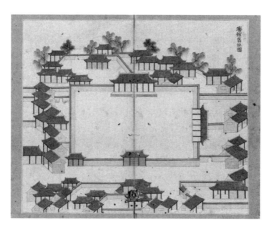

△ 소현세자가 인질로 잡혀가 살았던 심양관

천주상을 손상할까 걱정되어 돌려드립니다

저희 두 사람은 출신국이 다를 뿐 아니라 대양이 가로놓여 매우 멀리 떨어진 땅에서 각기 태어났건만 이 외국 땅에서 상면한 이래 마치 혈연으로 맺어진 것처럼 상호 경애하는 사이가 되었습니다. 인간 본성 속에 숨겨진 어떤 힘이 작용해서 이렇게 되었는지 모르겠습니다. 다만 사람들이 매우 먼 땅에 서로 떨어져 있어도 사람들의 마음은 학문으로 합치될 수 있다는 사실만은 고백하지 않을 수 없습니다. 이제 책들과 성화상을 제 나라로 가지고 가고 싶사오나, 제 나라의 백성이 경신예식(敬神禮式)을 알지 못하니 잘못된 경신예식으로 천주의 존엄을 손상할세라 두렵습니다. 이 두려움 때문에 저는 적지 않게 번민하고 있습니다. 성화상을 가져갔다가 무슨 잘못을 범하느니, 차라리 신부님께 돌려드리기로 했사오니 양해하시기 바랍니다. 사은의 정표로, 제가 환국하면 합당한 것을 찾아서 만

분의 일이라도 보답하는 뜻으로 신부님께 바치겠습니다.[2]

소현세자가 조선으로 돌아오기 전에 보냈다는 한문편지를 아담
샬이 라틴어로 번역하여 자서전에 실으면서 선교사와 학자들에게
알려져, 한국 기독교 전래의 역사가 17세기 중반에 시작되었다는 학
설들이 나왔다. 아담 샬과 같은 예수회 선교사 마르티노 마르티니가
『신 중국 지리지』에서 조선의 역사와 지리에 관해 한 장을 할애하며,
소현세자를 따라온 조선인들이 세례를 받았다고 주장하였다.

> 우리 시대에 (조선) 왕 자신이 순치제에게 왔다. 그리고 북경에서
> 우리 예수회 신부들과 우정을 맺었다. 이 기회에 조선에서 온 몇 사
> 람이 먼저 그리스도교의 교리를 가르침을 받고 구원의 세례를 받았
> 다. 이들 가운데는 또한 왕의 최고위 환관도 있었다. 그는 왕의 소
> 원에 따라서 신부들을 조선으로 데리고 가기를 바랐다. 그러나 이
> 소원은 우리의 인원 부족 때문에 성사되지 못했다.[3]

마르티니는 소현세자를 만나지 못했으니, 소문을 듣거나 아담 샬
에게서 소현세자 이야기를 들었을 것이다. 그러나 마르티니는 이 글
에서 소현세자나 아담 샬의 이름을 밝히지 않고 시대적인 상황도 설
명하지 않은 채 '근래에 조선 왕이 순치제에게 왔다'고 단순화하였다.
소현세자가 1644년 9월 19일 북경에 온 까닭은 심양에서 건국한 청
나라가 수도를 북경으로 옮기는 바람에 따라온 것뿐이며, 북경까지

---

2 장정란, "아담 샬의 생애와 유교관",「종교사학연구」7권 1호, 1994, 49-50.
3 황정욱, "소현세자와 아담 샬",「신학논단」69집, 2012. 244쪽 재인용.

차지하여 천하가 안정되었다고 판단한 황제가 12월 20일에 소현세자를 조선으로 돌려보내는 바람에 90일 동안만 북경에 머물게 된 것이다. 소현세자는 아담 샬에게서 받은 성물도 돌려주려고 했지만, 마르티니의 책에서는 '조선 수행원들이 세례를 받고 선교사까지 요청했다'고 근거 없이 주장하는 바람에 1784년 북경에 가서 세례 받은 이승훈보다 140년 전에 조선인 세례자가 생겨난 셈이 되었다.

소현세자와 아담 샬의 만남을 둘러싼 여러 저자들의 주장들이 후대로 내려오면서 더욱 와전되었으며, 최근 한 저자는 이러한 주장들을 그대로 수용하여 소현세자가 그리스도교를 조선에 도입하려고 한 이유 때문에 죽임을 당한 조선 최초의 순교자라는 주장까지 하였다.[4] 그러나 1차 사료인 편지 원본이 없는 상태에서 회고록을 확대 해석한 이러한 주장은 비약이 심하다고 할 수 있다. 편지 첫머리의 "구원자 신의(Salvatoris Dei) 형상"이라는 개념조차 소현세자에게는 생소했을 것이며, '조선인들이 신 경배를 모른다'는 말부터 세자의 말이라기보다는 오히려 아담 샬의 의견 표현으로 보아야 하기 때문이다.[5] 소현세자는 1645년 2월 18일 청나라 사신과 함께 한양에 돌아왔다. 『인조실록』에는 이날 개봉된 청나라 황제의 편지를 이렇게 소개하였다.

세자가 돌아왔고 청나라 사신도 함께 한양에 들어왔다. … 도승지 윤순지와 좌부승지 이행우가 왕의 앞에서 칙서를 받들고 봉한 것을 뜯었다. 그 칙서에 이렇게 쓰여 있었다. "지금 짐(朕)이 중원을 평

---

4 황정욱, 같은 글, 248.
5 황정욱, 같은 글, 264.

정하고 천자의 자리에 오르니, 은혜가 구주(九州)에 미쳐서 온 천하가 기꺼이 추대하므로 특별히 조지(詔旨)를 반포하여 천하에 사면령을 내리노라. 너희 조선은 천자의 교화를 입은 지 오래되어 이미 제후국의 반열에 들었으니, 의당 다른 제후국과 똑같이 크게 물품을 내리고, 특별히 너그러운 은혜를 펴서 세자를 본국으로 돌려보내며, 종전의 범죄자들을 모두 사유한다."

외국문화에 호기심이 많은 소현세자는 심양과 북경에서 중국인, 서양인들과 자유롭게 교제했을 뿐만 아니라 수행원 수백 명의 생활을 위해 농업과 상업을 비롯한 경제활동을 하였다. 따라서 귀국할 때에 가져온 짐이 엄청났는데, 그 가운데 천주교 서적과 서양 문물이 있었다고 한다. 왕을 비롯한 주변 인사들에게서 비난이 심해지자, 세자가 그 가운데 일부를 국가에 헌납하였다.

세자가 명령을 내려 채단(彩段) 4백 필, 황금(黃金) 19냥을 호조로 돌려보냈다. 세자가 돌아올 때에 북경의 물화(物貨)를 많이 싣고 왔으므로 사람들이 매우 실망했었는데, 이때에 이르러 이 명령이 있었다. _『인조실록』 1645년 3월 9일 기사

그로부터 한 달 뒤인 4월 23일 어의(御醫) 박군이 세자의 병을 학질이라고 진단하였다. 이틀 연속 침을 맞은 뒤 세자는 세상을 떠났다. 『인조실록』 1645년 4월 26일 기사에 세자의 졸기(卒記)가 실려 있다.

왕세자가 창경궁(昌慶宮) 환경당(歡慶堂)에서 죽었다. 세자는 자질이 영민하고 총명하였으나 기국과 도량은 넓지 못했다. … 세자가 심양에 있은 지 오래 되면서 모든 행동을 청나라 사람이 하는 대로만 따라서 하고 사냥하는 군마(軍馬) 사이에 출입하다 보니, 가깝게 지내는 자는 모두가 무사와 노비들이었다. 학문을 강론하는 일은 전혀 폐지하고 오직 재리(財利)만을 일삼았으며, 토목공사와 구마(狗馬)나 애완하는 것을 일삼았기 때문에 적국으로부터 비난을 받고 크게 인망을 잃었다. 이는 대체로 그때의 궁관(宮官) 무리 중에 혹 궁관답지 못한 자가 있어 보도(輔導)하는 도리를 잃어서 그렇게 된 것이다.

졸기(卒記) 뒷부분에 "의관(醫官)들 또한 함부로 침을 놓고 약을 쓰다가 끝내 죽기에 이르렀으므로 온 나라 사람들이 슬프게 여겼다"라고 했는데, 세자가 청나라 황실과 친하므로 부왕 인조가 불안하게 여겨 독살했다는 소문이 돌았다. 소현세자가 아담 샬에게 편지를 보냈으니 답장도 받았을 텐데, 세자가 북경에서 가져온 많은 책들도 세자의 죽음과 함께 불태워 없어졌으므로 확인할 수가 없다. 기독교 편지는 백 년 뒤에야 활발하게 지어지기 시작하였다.

11장
천주교를 믿지 않았다고 변명한
정약용의 편지

　세상이 어지러울 때마다 민중들은 새로운 종교, 또는 새로운 구원자를 찾았다. 불교의 미륵 신앙도 새로운 미래를 기다리는 신앙이고, 동학이나 증산의 후천개벽(後天開闢) 또한 그러하며, 『정감록』도 시대에 따라 정도령을 재해석하였다. 천주교가 박해를 당하던 시기에도 민중들은 새로운 구원자를 기다리다 천주를 알게 되었고, 그 가운데 일부 지식인들이 천주교 서적을 읽고 신앙을 가졌다. 대부분 정권에서 소외된 남인들이었지만, 소론이나 노론도 일부 있었다.

　다산(茶山) 정약용(丁若鏞, 요한, 1762~1836)은 유교의 바탕 위에서 천주교를 받아들였다. 그의 회통적 사고 내에서 천주교와 유교가 충돌하지 않고 양립할 수 있었던 것이다.

정약용이 천주교를 믿지 않았다고 정조에게 상소문을 올리다

정약용이 1797년 6월 21일 정조에게 상소하여, 한때 서양의 사설(邪說)에 빠져들었던 일 때문에 벼슬을 갈고 내쫓아 달라고 청하였다.『정조실록』에는 그가 그즈음에 어떤 벼슬을 받았는지 아무런 기록이 없는데, 그의 문집인『여유당전서』에 실린 글을 찾아보면「변방사동부승지소」(辨謗辭同副承旨疏)가 실려 있다. '(천주교인이라는) 비방을 변명하면서 동부승지를 사직하는 상소문'이라는 뜻인데, 상소문은 신하가 왕에게 올리는 편지이다.『정조실록』에는 상소문이 간추려 실렸지만,『여유당전서』에는 전체가 실려 있다. 문집에 실린 편지를 읽어보자.

신이 나라의 두터운 은혜를 받은 것이 하늘과 같아 끝이 없으니 어찌 다 글로 쓸 수가 있겠습니까. 엄한 스승처럼 가르치셔서 그 기질을 변화시키고, 인자한 아버지처럼 가르치셔서 그 목숨을 보전하게 해주셨습니다. 전하께서 말없이 운용하셔서 신이 오히려 모른 적도 있었고, 전하께서는 벌써 잊으셨는데 신만이 홀로 가슴이 맺혀 있기도 했습니다. 곰곰이 생각할수록 뼛속 깊이 새겨져, 말을 하려고 하면 감격스러워 소리를 낼 수가 없고, 글을 쓰려고 해도 감격에 받쳐 글이 되지를 않습니다. …
염구는 공자가 총애하던 제자입니다. 그런데도 그가 한번 잘못하자 공자가 (다른 제자들에게) 이렇게 말했습니다. "그는 우리의 무리가 아니다. 너희는 북을 울려 그를 성토하라." 왜냐하면 성인의 문하에서는 도술(道術)과 취향(趣向)이 가장 엄격하여, 사사로운 애정으로 용서할 수 없었기 때문입니다.

지금 신의 죄는 비단 염구의 구신(具臣) 정도가 아닌데, 우리 전하께서는 이미 한번 용서해 주셨고, 또 한 번 가르쳐서 차마 끝내 버리지 않으셨으며, 또 거듭 거두어 주셨습니다. 신이 천주교를 믿어 오랑캐가 된 것을 아시고는 화하(華夏)가 되게 할 것을 생각하셨고, 금수가 된 것을 아시고는 사람이 되게 할 것을 생각하셨으며, 죽게된 것을 아시고는 살게 하실 것을 생각하셨습니다. 돌보고 구원하시느라 잇달아 성력(誠力)을 소비하여, 감싸고 용서하며 신이 잘못을 뉘우치기 바라셨으니, 우리 어버이가 아니면 누가 이처럼 하겠습니까.[1]

첫 부분은 정조와 자신의 관계를 구구절절 사랑스럽게 표현하여, 마치 송강 정철이 지은 「사미인곡」(思美人曲)을 읽는 느낌이 든다. 상소문은 신하가 왕에게 올리는 공식적인 편지이므로, 1차적인 독자는 왕이다. 왕이 이 편지를 읽고 자신의 마음을 이해하여, 자신이 바라는 바를 이루게 하려는 것이 편지를 쓰는 목적이다. 따라서 첫 부분에는 왕이 자신에게 어떤 존재인지, 내가 왕을 어떻게 생각하고 있는지를 절실하게 보여주어야 편지를 쓰는 목적이 이뤄질 수 있다. 정약용은 정조가 자신을 그렇게 사랑했건만 자신은 공자라도 용서치 못할 죄를 저질렀으며, 천주교를 믿어 오랑캐가 된 사실을 왕이 알고도 온전한 사람이 되게 해준 사실을 환기시켰다. 당신은 나에게 왕이 아니라 아버지라고까지 고백한 것이다.

이쯤 되면 정약용이 아무리 큰 죄를 저질렀더라도 정조가 용서해

---

1 허경진 역, 『다산 정약용 산문집』, 서해문집, 2010, 247-250.

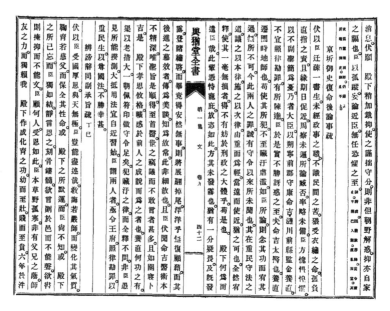
△ 정약용이 정조에게 올린 변방사동부승지소

줄 마음의 준비가 되어 있을 테니, 왕이 제대로 알 수 없는 자신의 죄를 구체적으로 털어놓았다.

신은 서양 사설(邪說, 천주교 교리)에 관한 책을 일찍이 보았습니다. 그러나 책을 본 것이 어찌 바로 죄가 되겠습니까? 딱 잡아뗄 수가 없어서 책을 보았다고 했지만, 참으로 책만 보고 말았다면 어찌 바로 죄가 되겠습니까? 일찍이 마음속으로 좋아하고 사모했으며, 또 일찍이 이 이야기를 꺼내 남에게도 자랑했습니다. 마음의 근원에 기름이 스며들고 물이 젖어들며 뿌리를 차지해 자리를 잡고 가지가 얽히는데도 스스로 깨닫지를 못했습니다. …
신이 이 책을 처음 본 것은 20대 초반이었습니다. 이 무렵 천문에서는 역상가(曆象家), 농사에서는 수리기(水利器), 측량에서는 추험법(推驗法)을 말하는 자가 있으면 세상 사람들이 서로 전하며 추켜세우는 풍조가 있었는데, 신은 그때 어렸으므로 이처럼 해박해지기를 혼자서 꿈꾸었습니다. 그러나 성품이 경솔해서 어렵고 깊으며 교묘하고 세밀한 글들은 세심하게 연구하지 못했습니다. 그러므로 그 찌꺼기나 영향을 받은 것은 끝내 없고, 도리어 사생설(死生說)에 얽히거나 극벌(克伐)의 경계에 귀를 기울였습니다. 비뚤어지고 말만 가득 늘어놓는 글에 현혹되어, 유학의 한 종류로 인식하고 문단의 기이한 구경거리라고 여겼습니다. 그래서 남들과 이야기할 때에도 이러한 사실을 꺼리지 않았으며, 남들이 신을 배격하는 것을 보면 '들은 것이 적어서 그렇다'고 생각했으니, 신의 본뜻을 따져 본다면 기이한 학식을 넓히려고 했던 것입니다.[2]

정약용의 변명은 자신이 천주교를 신앙이 아니라 학문의 차원에서 받아들였다는 뜻이다. 그것도 몰래 숨어서 보고 말았다면 아무도 몰랐을 텐데, 젊은 혈기에 남들에게 자랑하다보니 널리 알려져서 천주교인이라는 비방을 받게 되었다는 것이다. 그러나 자신은 서학(西學)을 유학(儒學)의 한 종류로 인식했기에 남들에게도 꺼리지 않고 말했다고 한다.

제사를 지내지 말라는 가르침은 천주교 책에 없습니다

천주교가 비난받고 박해받기 시작한 것은 제사(祭祀) 문제였다.

---

2 같은 책, 250-251.

우상 숭배와 조상 제사는 별개로 해석할 수도 있는 부분이었는데, 이 시대 천주교가 제사 금지를 강조했기 때문에 정부와 신자 사이에 충돌이 생겼던 것이다.

벼슬에 나아간 뒤부터야 어찌 유학(儒學) 이외의 것에 마음을 쓸 수가 있었겠습니까. 세월이 오래되고 해가 깊어질수록 마침내 다시는 마음에 떠올리지 않아서 막연히 지나간 먼지나 그림자처럼 여겼습니다. …

그 책 속에는 인륜의 도리를 해치고 천리(天理)에 거슬리는 말들이 참으로 헤아릴 수 없이 많으니, 그 말들을 다 아뢰어 전하의 귀를 감히 더럽힐 수는 없습니다. 그러나 제사를 지내지 말라는 말은 신이 예전의 그 책에서 본 적이 없습니다. 갈백이 다시 태어났으니 승냥이나 수달피도 놀랄 것입니다. 참으로 신에게 조금이라도 사람된 도리가 남아 있다면, 마음이 무너지고 뼈가 떨려서 그 어지러운 싹을 어찌 배척하여 끊어버리지 않았겠습니까? 홍수가 언덕을 넘고 사나운 불길이 벌판을 태우는 것처럼 널리 퍼지도록 내버려 두었겠습니까? …

신이 마땅히 벌을 받아야 할 일은 실지로 팔구년 전에 있었는데, 다행히도 전하께서 감싸 주셔서 형벌을 면할 수가 있었습니다. 죄가 있으면서도 처벌받지 않아서 무거운 짐을 등에 진 것 같았는데, 재작년 7월에 특별히 전하의 뜻을 받들고 금정 찰방으로 보직되었으니, 오히려 늦춰진 셈입니다. 어찌 그리도 가볍게 용서하셨습니까?3

3 같은 책, 252-254.

그가 천주교의 교리 가운데 특별히 비판한 부분이 '제사(祭祀) 철폐'이다. 1791년 전라도(당시 충청도) 진산에 살던 천주교 신자 윤지충(尹持忠, 바오로 1759~1791)이 모친상을 당했는데, 마침 1790년에 북경 교구장 구베아 주교가 조선 천주교에 제사 금지령을 내렸으므로 외사촌 권상연(야고보)과 함께 신주를 불사르고 유교 상례(喪禮)가 아니라 천주교 예식으로 장례를 치러 친척들로부터 분노를 샀다. 이 소문이 조정에까지 알려져 진산군수 신사원이 윤지충의 집을 수색하였는데, 위패가 없는 사실을 확인하고 체포하였으며, 두 형제는 천주교 신앙을 버리지 않고 전주 남문(지금의 전동성당 자리) 밖에서 참수형으로 순교했다. 정약용이 상소문에서 '팔구년 전'이라고 한 사건이 바로 '윤지충 신주 소각 및 제사 철폐'였는데, 윤지충의 고모가 바로 정약용의 어머니였으며, 윤지충이 정약용의 권고로 천주교를 받아들이고 이승훈에게 세례를 받았으니 정약용이 제사 철폐의 핵심에 놓였던 것이다.

정약용이 정조에게 "제사를 지내지 말라는 말은 신이 예전의 그 책에서 본 적이 없습니다"(至於廢祭之說, 臣之舊所是書, 亦所未見)라고 딱 부러지게 밝힌 이유는 윤지충을 처형한 정조가 정약용을 용서할 수 없는 한계가 바로 유교의 제사였기에, 제사 철폐는 성경에 쓰여 있는 천주교의 교리가 아니라 구베아 주교의 해석이라는 점을 설명하기 위해서였다.

정약용은 맏손자가 태어나던 1807년에 방대한 분량의 『상례사전』(喪禮四箋)을 저술했는데, 권1의 설전(設奠) 항목에서 "아침 저녁으로 상식(上食)하라"고 강조하였다. 유학자로는 당연한 의견이지만, 천주교를 신봉했던 그로서는 천주교의 가장 큰 문제점을 의식한

결별선언이기도 했다.

신은 금정 찰방으로 부임하여 언제나 밤낮으로 청명하게 하고 몸과 마음을 반드시 점검했습니다. 천주교 믿었던 마음을 개혁한 지 오래되었지만 아직도 찌꺼기는 정화되지 않았는지 두려워했으며, 뉘우치고 깨우치는 마음이 진실하기는 했지만 그래도 가라지가 자라고 있는지 두려워했습니다. 힘써 착한 마음을 길러, 우리 전하께서 훈도하고 생성시키는 지극한 인덕에 부응하기를 바란 것입니다. 더구나 신이 부임한 지방은 바로 사설(邪說)이 그르친 고장이라서, 어리석은 백성 가운데 현혹되어 참으로 돌이킬 줄 모르는 무리가 많았습니다. 그러므로 신은 관찰사를 찾아가 의논해 천주교인들을 수색하여 체포할 방법을 강구했으며, 아직도 숨어 있는 자들을 적발하여 화복(禍福)의 이치를 일깨워 주도록 했습니다. 그들이 의심하고 겁내는 것을 잘 타이르도록 했으며, 천주교를 배척하는 계(禊)를 만들어서 그들에게 제사를 지내도록 권하게 했습니다. 천주교를 믿는 여자들을 잡아다가 혼인하도록 했고, 다시 한 고을의 착한 선비를 구해서 서로 더불어 질의하고 논란하여 성현의 글을 강론하도록 했습니다. 이제 와서 생각해보아도 신이 한 일이 진보가 있었던 것 같으니, 스스로 다행스럽고 기쁩니다. 누구의 은혜이겠습니까?4

정약용의 선배이자 함께 천주교 신봉자로 비난받았던 공조판서(정2품) 이가환이 1795년 7월 25일에 충주목사(정3품)로 좌천되었

---

4 같은 책, 255.

는데, 『정조실록』의 이날 기사에 "이때 호서(湖西) 지방 대부분이 점점 사학(邪學)에 물들어가고 있었는데 충주가 가장 심했으므로 특별히 가환을 그곳의 수령으로 삼고, 또 정약용(丁若鏞)을 금정 찰방(金井察訪)으로 삼은 뒤 각각 속죄하는 실효를 거두도록 한 것이다"라고 설명을 덧붙였다.

정약용은 예전에도 여러 차례 벽파(辟派)로부터 천주교 신자라고 비난받은 적이 있었는데, 정조가 이가환과 정약용을 천주교인이 많은 충주와 금정(내포지방)으로 좌천시킨 것은 천주교인들을 설득하여 유학으로 돌아오게 하는 실적을 쌓고, 벽파나 공서파(천주교 공격파)의 의심을 풀게 하려는 의도였다. 정약용은 이 편지에서 결혼하지 않으려는 여인들을 결혼하게 하고 제사 지내지 않으려는 교인들에게 제사지내게 권면하였다고 보고하였는데, 이는 신앙의 본질이라기보다는 유교 예법의 문제였다.

묘지명을 스스로 지으면서 사설(邪說)을 서교(西敎)라고 표현하다

뜻밖에도 오늘 다시 (동부승지) 벼슬을 내리신다는 교지를 받게 되었기에, 변변치 못한 천신(賤臣)의 정성을 이제야 모두 밝힐 수 있게 되었습니다. 신이 생각하건대, 천도(天道)는 가득 찬 것을 싫어하고 인정(人情)은 남이 안 되는 것을 안타깝게 여깁니다. 이제 신이 오래도록 안 풀렸으니 사람들이 이렇게 말할 것입니다. "아무개는 참으로 사교(邪敎, 천주교)에 빠진 적이 없는데, 이토록 벼슬길이 막히니 가엾다."

이렇게 되면 신에게 복이요, 경사며, 사는 길입니다. 그러나 이제 신이 예전처럼 의기양양하게 날개를 펴고 다닌다면, 사람들이 반드시 이렇게 말할 것입니다. "아무개는 예전에 사교에 빠졌었는데도 저토록 좋은 벼슬을 하니 가증스럽다."

이것은 신에게 화요, 재앙이며, 죽는 길입니다. 이제 신이 한번 조정에 얼굴을 들고 다니면 공경대부들이 서로 신을 가리키면서 이럴 것입니다. "저기 오는 자가 누구던가? 저자가 참으로 사교에 빠졌던 자가 아닌가."

제 모습과 마주칠 때마다 이러한 생각이 문득 떠오를 테니, 신이 장차 무슨 얼굴로 나타날 수 있겠습니까? 이는 차라리 산속에 그림자를 숨기고 발자취를 감춰, 세상 사람들이 신을 차츰 잊어버리고 모르게 되는 것보다도 못합니다.

그러므로 높은 지위와 아름다운 벼슬도 신이 바라는 바가 아니며, 많은 재물과 후한 녹도 신이 부러워하는 것이 아닙니다. 오직 이 한 가닥 목숨이 끊어지기 전에 천하에 일찍이 없었던 이 추악한 죄명을 씻는 것이 바로 신의 지극하고 간절한 소원입니다. …

엎드려 바라오니, 전하께서 신의 정황을 헤아리시고 신의 가련한 충정을 살피시어, 신의 직명을 빨리 바꿔 주소서. 신을 내쫓으셔서 잘못을 속죄하고 그 마음의 본바탕을 이루어 천지가 생육하는 은혜를 누릴 수 있게 해 주시는 것이 더없이 큰 소원입니다. 신은 하늘을 바라보고 주상 전하를 우러러보며, 격절하고도 간곡한 이 기원을 감당할 수가 없습니다. (6월 아무날)[5]

---

5 같은 책, 258-263.

정조가 이 편지를 다 읽고 나서 쓴 답장이『정조실록』이날 기사에 간단히 덧붙어 있는데,『여유당전서』에는 전문이 실려 있다.

전하께서 이렇게 비답(批答)하셨다.
"소(疏)를 자세히 읽어보니, 착한 마음의 싹이 온화하여 마치 봄기운이 만물을 싹트게 하는 것과 같다. 종이에 가득 열거한 말들이 듣는 이를 감동시킬 만하다. 너는 사양치 말고 직책을 수행하라."

정약용은 공서파로부터 더 이상의 비난을 받지 않게 자신의 벼슬을 갈아달라고 청하였지만, 정조는 "사양치 말고 직책을 수행하라"고 비답하였다. "듣는 이를 감동시킬 만하다"라고 한 것은 정조 자신만이 아니라 이 글을 읽어본 다른 사람들까지 모두 감동했음을 밝힌 것이다. 정약용은 동부승지에 취임하지 않았지만, 결국 다음 달인 윤 6월 2일에 곡산부사(종3품)으로 부임하였다.

천주교와 자신의 관계를 스스로 변명한 이 상소문을 흔히「자명소」(自明疏)라고 한다. 이 글을 읽은 이만수, 이면긍 같은 여러 신하들이 모두 "광명(光明)하다"라고 칭찬했고, 정조도 그 자리에 있던 신하들에게 "이후부터는 정 아무개가 허물없는 사람이 될 것이다"라고 칭찬했다. 그와 정적 관계에 있던 심환지까지도 "상소문이 매우 좋고 그의 심사도 또한 광명하다"라고 극찬했다. 그러나 우의정 이병모는 6월 24일에 "정약용(丁若鏞)이 스스로 변명한 상소에 인용한 비유가 이치에 맞지 않는 것이 많으니 파직하시기를 바란다"라고 아뢰었으며, 그 이후『정조실록』에 정약용의 이름이 나타나지 않는다. 정조가 세상을 떠나고 순조가 즉위하자 사헌부에서 천주교인 정약용을 탄핵

하는 글들이 『순조실록』에 실리면서 그의 유배생활 18년이 시작된다.

남에게 쓴 편지와 자신에게 쓴 편지

이 상소문이 그의 본심인지 아니면 일시적인 보신책으로 쓴 글인지, 다시 말하자면 그가 이때 천주교를 버린 것인지 아니면 속으로는 여전히 믿은 것인지에 대하여 일부 학자들 사이에서는 논란이 계속되었다.

정약용이 정조에게 올린 편지(상소문)는 주변에서 자신을 천주교인이라고 비난하는 벽파 관료들로부터 자신을 보호하려는 정조에게 변명삼아 쓴 글이기 때문에 천주교를 사설(邪說)이라고 표현할 수밖에 없었다. 그러나 그가 환갑을 맞아 한평생을 돌아보며 직접 쓴 자신의 묘지명에서 천주교를 '서교'(西敎)라고 표현한 점을 보면, 그 시점까지도 천주교를 사설(邪說)은 물론 학문 차원의 서학(西學)도 아닌 종교 차원의 서교(西敎)로 고백한 듯하다. "이벽(李檗)을 따라 노닐면서 서교(西敎)의 교리를 듣고 서교의 서적을 보았다"고 묘지명에서 고백한 이후, 계속 서교(西敎)라는 용어를 사용한 것이다. 여러 사람이 돌려가면서 보게 될 편지에서 제대로 쓰지 못한 신앙고백을 죽은 뒤에라도 묘지명에 남긴 것은 아닐까. 자손들에게 무덤 앞에 세워달라고 부탁한 자찬 묘지명이야말로 자신에게 보내는 편지이자 양심선언이다.

정약용의 글은 그가 세상을 떠난 뒤에도 출판되지 못하다가, 50년이 지나서야 개화정책을 추진하던 사대부 관료들에게 조선사회의 병폐를 치유하고 개혁방안을 제시한 선구적인 학자로 인식되어 유고가 필사되기 시작했으며, 조선왕조가 망한 뒤에야 '국권회복을 위한 민족정신 고취'라는 관점에서 그의 저술들이 『여유당전서』로 간행되었다. 광복 이후에 민족의 내재적 발전을 찾아보려는 학자들에 의해서 정약용은 실학의 집대성자, 경학자(經學者)를 넘어선 경세가(經世家)로 재평가되었다.

12장
정하상이 우의정 이지연에게
천주교를 변호한 편지

예수 탄생 30갑자에 천 척의 배가 온다

정조가 1800년 세상을 떠난 뒤에 천주교 박해가 시작되었는데, 신유사옥(辛酉邪獄)의 심문기록인 『신유사학죄인강이천등추안』(辛酉邪學罪人姜彝天等推案)에는 "시운이 오래 가지 않을 것이다"(時運不久)라는 유언비어가 보이고, 같은 시기 유항검의 추안에는 "聖歲仁富之間에 夜泊千艘라"는 참언까지 보인다. 이 참언은 호서 지방에 예부터 전해져 왔다는데, 조광 교수는 조선왕조가 멸망할 때가 되면 "강화와 평택 사이에 만 척의 배가 강을 비껴가리라"(華澤之間, 萬艘橫江)고 『정감록』에 쓰인 참언과 같은 성격으로 파악하였다.

유항검 사건에 연좌된 이우집은 "지난해 경신년은 예수가 탄생한 해이므로 성년(聖年)이라 하고, 인부(仁富)란 인천(仁川), 부평(富平)과 같은 바닷가 고을인데 해문(海門)이 서울과 가깝고 넓어서 1,000여 척의 배라도 정박할 수 있다고 하였다"라고 설명하였다. 경신년은 서기 1800년이므로 예수 탄생 30갑자가 되기 때문에 세기의 전환이 이루어지는 해라고 인식하게 된 것이다.[1]

강이천(姜彛天, 1768~1801)은 12세부터 정조의 총애를 받아 궁궐에 드나들면서 왕이 정해주는 제목에 따라 시(詩)를 지어 올렸던 신동이었다. 일찍이 진사시에 합격하여 성균관에 입학하였으며, 이기설(理氣說)을 토대로 하는 당시의 보편적 학문성향을 벗어나 고증학적(考證學的)인 연구를 통하여 새로운 사실들을 구명하는 데 전념하였다. 그러다가 친구들과 주고받던 말이 유언비어로 알려졌으며, 1797년 돈녕부도정(敦寧府都正) 김정국(金鼎國)이 그를 "주문모(周文謨)와 접촉하면서 천주교 교리를 배우며 요언(妖言)으로 민심을 혼란시킨다"고 고발하여 형조의 탄핵을 받고, 그 해 11월에 제주도로 유배되었다. 이 무렵의 『정조실록』 11월 11일 기사를 보면 이 사건이 작은 유언비어에서 시작되었음을 알 수 있다.

형조에 명하여 진사 강이천 등을 심문하게 하였다. 이에 앞서 전 돈령부도정 김정국이 종제(從弟) 김신국(金信國)에게서 들은 말을 우의정 이병모에게 와서 고하기를, "강이천이 바야흐로 천안에 있으면서 '해랑(海浪)의 적들이 소요를 일으킨다'는 유언비어로 시골

---

1 조광, "황사영백서의 사회사상적 배경", 강진철 교수 환갑기념, 「한국사학논총」, 350-351.

사람을 속여 의혹시키고 있습니다"하니, 이병모가 접견을 청하려 하였다. 상이 연신(筵臣)을 통하여 그 말을 듣고서 그 허탄한 정상을 통촉하고 승지에게 이르기를, "일이 매우 가소롭다. 대신이 접견을 청하는 것은 크게 판을 벌이는 것이 되지 않겠는가" 하고, 유시를 내려 그만두도록 하였다. 얼마 뒤에 강이천이 김정국의 상경 소식을 듣고는 그가 자기를 고발한 것으로 의심하고서 스스로 벗어나려는 계책에 급한 나머지 말을 달려 서울로 들어와서 대호군 이병정에게 김신국·김이백 ·김려·김건순 등을 고발하였다. … 이때에 와서 형조에 명하여 강이천·김이백·김려 등을 잡아들여 정황을 조사하게 하였는데, 상이 형조판서 조심태와 참의 이태영에게 말하였다.

이 일은 참으로 한 번 웃음거리도 되지 못한다. 강이천은 내가 일찍이 여러 차례 보았는데, 경박하고 행검이 없는 무리에 지나지 않았다. … 이러한 일로 크게 판을 벌이게 되면 국가의 체통이 도리어 가벼워질 뿐만 아니라 혹 죄 없는 사람이 억울하게 걸릴 염려도 있다.

정조는 사건을 크게 벌이지 않으려고 단순한 유언비어로 판정했는데, 김상헌의 사손(嗣孫)인 김건순을 보호하기 위해서였다. '바다 속 섬에 세상을 구원할 진인(眞人)이 있다'는 이야기는 전부터 떠돌았는데, 천주교와 연결되어 파급효과가 커지자 결국 강이천 일파가 유배되었으며, 3년 뒤에 정조가 붕어하자 천주교 탄압이 시작되었다. 그 배경에는 '정조가 독살되었다'는 또 하나의 유언비어도 포함되었다. 바다 속 진인은 천주교 선교사나 서양 군대로 환치되었다.

큰 배를 보내 달라고 서양에 편지를 쓰다

천주교에 대한 정부의 금령(禁令)이 강행되고 있던 상황에서 천주교 신도들은 신교(信敎)의 자유를 획득하기 위한 방편으로 서양이라는 외부의 세력에 기대를 걸어보았다. 이는『정감록』을 믿던 일반 민중들이 자신을 구원해 줄 외부의 세력으로 정도령을 설정하고, 이를 기다렸던 것과도 흡사한 형상으로 생각할 수도 있다.[2]

조광 교수는 천주교인들이 서양에 큰 배를 보내달라고 청원한 사실이 세 차례 있었다고 정리하였다. 첫 번째는 이가환·홍낙민·이승훈·지황 등이 1790년에 선교사의 영입을 계획하며 서양의 선박을 보내주도록 청했던 사실이다. 이때 그들은 윤유일을 북경으로 파송하여 선교사와 대박(大舶)을 보내주도록 간청하였다. 그러나 북경의 주교는 "물길이 머나먼데 (서양의) 큰 배가 어찌 쉽게 갈 수 있겠는가"라고 대박(大舶)의 파송은 거절하면서 신부(神父)만 보내주겠다고 약속하였다.[3]

주문모 신부가 입국한 이후인 1796년에 조선 신도들이 '서양의 큰 배를 보내 달라'고 북경 주교에게 다시 요청하였다. 주문모 신부는 조선의 포교 사업에 상당한 성공을 거두고 있었으므로, 본격적으로 선교하면 교세가 비약적으로 발전하리라고 믿고 이렇게 제안한 것이다. 그는 "대국(大國)의 운수가 이미 다하였다"고 생각하였던 반청적(反淸的) 내지는 서양지향적 사고방식을 가지고 있었다. 이 청원서에 조선 신도 대표로 서명한 인물에 황사영(黃嗣永, 1775~1801)이

---

2 조광, 앞의 글, 357.
3『邪學懲義』下. 41, 조광, 앞의 글 358쪽 재인용.

추가되었다.

황사영은 15세에 진사시에 합격한 선비였는데, 정약현의 큰딸 정명련 마리아와 결혼하였으니, 다산 정약용의 조카사위이다. 정약종 아우구스티노에게 천주교 교리를 배워 천주교 신자가 되었다. 정조가 1800년에 붕어하고 신유박해(1801)가 일어나자 제천 배론의 토굴 속에 몸을 숨기고 지내다가, 북경의 구베아 주교에게 보내려고 비단에 깨알같이 작은 글씨로 13,311자나 되는 긴 편지를 썼다. 해마다 10월에 청나라에 동지사(冬至使)를 파견하므로 황심과 옥천희를 딸려 보내 구베아 주교에게 전달하려 했으나 사전에 발각되어 황심·옥천희·황사영 모두 처형당했다.

황사영이 비단에 쓴 편지는 흔히 「황사영백서」(黃嗣永帛書)라는 이름으로 알려졌는데, 1801년 10월 9일 의금부에서 작성한 「사학죄인 사영등 추안」(邪學罪人嗣永等推案)에 원문이 기록되었고, 진주사 조윤대가 북경에 가면서 중국 측에서 질문하는 만약의 사태를 대비하여 축약본을 만들어 가지고 간 뒤부터 다양한 목적에 따라 여러 종류의 이본들

△ 황사영백서가 혹시라도 청나라에 전달되었을 것에 대비해 대제학 이만수가 황사영백서를 축약, 편집하여 동지사 편에 보냈던 사본

이 떠돌아다녔다.

국내에서 가장 원본에 가까운 이본은 1925년 뮈텔 주교가 「황사영백서」를 교황청에 보내기에 앞서 원본을 코로타이프판에 붙여 실물 크기와 똑같이 만든 것이다. 실물 크기의 이 동판은 현재 절두산 순교자기념관에 전시되어 있다. 그 첫 부분은 이렇게 시작된다.

죄인 도마[多默, 황심의 세례명] 등은 눈물을 흘리며 본 주교 대야 (구베아) 각하께 호소합니다. 지난봄에 길 떠났던 사람 편에 각하께서 건강하게 잘 계신다는 소식을 들었습니다마는, 세월이 지나 벌써 해가 다 저물어 가는데, 그 동안은 어떻게 지내시는지 알지 못합니다. …

저희 죄인들은 죄악이 깊고 무거워 위로는 주님의 노여움을 샀으며, 재주와 지혜가 얕고 짧아서 아래로는 다른 사람의 헤아림을 잃었습니다. 이런 까닭으로 박해가 크게 일어나 그 화가 (주문모)신부에게 미치게 하였습니다. 저희 죄인들은 또한 위태로움에 임하여 목숨을 버려 스승과 함께 주님의 은혜에 보답하지 못하였으니, 다시 무슨 면목으로 붓을 들어 우러러 호소하겠습니까? …

몰래 (황심, 옥천희, 황사영 등의) 두서넛 교우와 당면한 일을 깊이 생각하여 저희 복안을 조목조목 나누어 아룁니다. 바라옵건대 읽어보시고 의지할 곳 없음을 불쌍히 여기시어 빨리 저희를 구해주시기 바랍니다. …

이러한 때를 타서 교황께서 중국 황제께 글을 보내 "내가 조선에 성교를 전하고자 하는데, 들으니 '그 나라는 중국에 속해 있고 다른 나라와는 교류하지 아니한다'고 하여 이렇게 청합니다. 황제폐하께서는 조선에 칙령을 내리셔서 서양 선교사를 받아들이게 하여 마땅히 충성하고 공경하는 도리를 가르치고, 중국 황조에 충성을 다하여 폐하의 덕에 보답하게 하십시오." 이와 같이 간청하면 황제는 본래 서양 선교사의 충성되고 근실함을 알고 있으므로 허락을 받을 수 있을 것입니다. …

지난해 편지에 '몇 년 후에는 큰 배를 보내겠다'는 분부는 받았습니다만, 지금은 형세가 많이 달라져서 무턱대고 와서는 성공을 바라기 어렵습니다. 여기에 한 계책이 있으니, 조선 사람으로 하여금 어쩔 수 없이 꼼짝 못하고 명령에 복종하게 할 수 있을 것입니다. 실행하기가 매우 어렵지만, 자세히 말씀드리겠습니다. …

전선 수백 척과 정병 5,6만 명을 얻을 수만 있다면 대포 등의 무기를 많이 싣고 아울러 글 잘하고 사리에 밝은 중국 선비 서너 명을 데리고 바로 이 나라 바닷가에 이르러 국왕에게 글을 보내십시오. "우리는 서양의 전교(傳敎)하는 배이니, 자녀나 재물 때문에 온 것이 아니라 교황의 명령을 받아 이 지역의 생령을 구원하려는 것입니다. 귀국에서 한 사람의 선교사를 기꺼이 받아들인다면 우리는 더 많은 것을 요구하지 않을 것이며, 한 방의 탄환이나 한 대의 화살도 쏘지 않고 티끌 하나 풀 한 포기도 건드리지 않을 것이며, 영원한 우호조약만 맺고는 북 치고 춤추며 돌아갈 것이오. 그러나 천주님의 사자를 받아들이지 않는다면, 마땅히 주님이 주시는 벌을 받들어 행하고 죽어도 발길을 돌리지 않을 것입니다." … 배와 사람의 수가 말씀드린 대로 된다면 가장 좋겠지만, 만약 힘이 모자라면 배 수십 척에 5,6천 명만 되어도 쓸 수 있을 것입니다.

몇 해 전에 서양의 상선 한 척이 표류하다가 우리나라 동래에 도착했는데 한 교우가 배에 올라 자세히 살펴보고서 돌아와 말하기를 "이러한 배 한 척이면 우리나라 전선 백 척은 대적할 만하더라"고

하였습니다.

天主降生後一千八百一年 西滿達 瞻禮後一日 罪人多黙等再拜謹
具(천주 강생 후 1801년 시몬 다태오 축일 후 1일 죄인 토마스 등은
두 번 절하고 삼가 갖추어 아룁니다).

외국 군함과 군대를 불러들인다는 죄목으로 황사영은 대역부도죄
로 처형당하고, 정약용도 황사영백서 사건으로 전라도 강진에서 18년
유배생활을 하였다. 오랫동안 황사영의 백서는 원본이 사라진 채 여러
가지 이본으로만 알려졌는데, 원본은 고종이 가톨릭 포교를 허용한 뒤
1894년 뮈텔 대주교에게 전달되었으며 1925년 로마에서 조선인 순교
자 79위 시복식이 열린 것을 계기로 교황청으로 넘어갔다.

황사영 백서는 순교의 증거로 교황청 민속박물관에 소장되었지
만, 황사영은 끝내 복권되지 못하였다. 프란치스코 교황이 한국에 오
는 것을 계기로 시복(施福)될 순교자를 선정하는 과정에서 2013년
에 「황사영의 신앙과 영성」 심포지엄이 열렸지만, 주최측 대표였던
김희중 대주교가 "황사영과 백서에 얽혀있는 인식의 차이와 고민을
이해하는 작업"이라고 평가한 것처럼 외국 군대를 끌어들이려 했다
는 부정적 인식의 벽을 넘어서지 못했다. 2014년 8월 16일에 프란
치스코 교황이 "윤지충 바오로와 동료 순교자 123위" 시복 미사를
집전하면서 어머니의 신주를 불태웠던 윤지충까지는 복자의 반열에
올랐지만, 황사영의 편지와 순교는 여전히 교회의 숙제로 남겨졌다.

우의정 이지연 대감께 편지를 올립니다

　황사영백서 사건으로 천주교 지도자였던 명도회장(明道會長) 정약종(丁若鍾, 1760~1801)이 순교하자, 그의 아들 정하상(丁夏祥, 1795~1839)이 1825년에 로마 교황에게 편지를 보내 조선 교회의 사정을 알리고 선교사를 보내달라고 청하였다. 1831년에 조선교구가 설정되고 브뤼기에르(Bruguiere, B.) 주교가 초대 교구장으로 임명되었다. 조선 교회의 체제가 갖춰지며 발전하다가 기해박해가 일어나자, 그는 순교할 각오로 3,400자의 편지를 써서 박해의 주동자 이지연(李止淵)에게 보냈다. 그의 마음만 돌이킨다면 박해가 누그러질수 있다고 판단했을 것이다. 그가 체포된 다음날 종사관이 이지연에게 전달한 이 편지는 천주교의 기본교리, 호교론(護敎論), 신앙의 자유를 호소한 세 부분으로 나뉘어져 있다.

> 맹자가 양주(楊朱)와 묵적(墨翟)을 크게 배척한 까닭은 그 사상이 유교를 함부로 해칠까 두려웠기 때문이며, 한유(韓愈)가 불교와 도교를 공격한 까닭은 그 사상이 일반 백성을 미혹하여 어지럽힐까 두려웠기 때문입니다. …
>
> 우리나라에서 천주성교(天主聖敎)를 금지하는 까닭이 무엇입니까? 처음부터 그 의리가 어떠한가를 묻지도 않고, 지극히 원통한 말로 사도(邪道)로 몰아 대벽률(大辟律)로 처치하였습니다. 신유년(1801) 전후에 죽은 사람이 많았건만 그 원류(源流)를 조사하여 살피는 사람이 하나도 없었습니다. …
>
> 이제 감히 이 도리가 그릇되지 않음을 간단히 말씀드리겠습니다.

천지의 위에 주재하시는 분이 계시니, 그 증거가 세 가지 있습니다. 하나는 만물이요, 하나는 양지(良知)요, 하나는 성경(聖經)입니다. … 이처럼 위대한 천지에 어찌 그 지은이가 없겠습니까? 만물을 통하여 주재하시는 분이 계심을 알 수 있습니다. …

중국의 경전과 사서 가운데『역경』(易經)에는 "상천(上天)에 바친다" 하였고,『시경』에는 "상제(上帝)께 아뢴다" 하였으며,『서경』에는 "상제께 제사드린다" 하였고, 공자께서는 "하늘에 죄를 지으면 빌 곳이 없다"고 말하지 않았습니까? …

이상의 열 가지 계율을 종합하면 두 가지로 귀결됩니다. 만유(萬有)보다 천주(天主)를 사랑하고, 남을 자기같이 사랑하라는 것입니다. … 이 도리를 한 집안에 행하면 그 집안이 가지런해질 것이고, 한 나라에 행하면 그 나라가 잘 다스려질 것이며, 천하에 행하면 천하가 태평해질 것입니다. …

도리가 참인지 거짓인지, 사리가 바른지 그른지는 한쪽으로 치워놓고, 천부당만부당한 말로 배척하니, '외국의 도'라 하여 그러는 것이 아니겠습니까? 금(金)은 (훌륭한 보배이기에) 그것이 나는 땅을 가리지 않고 정금(精金)이면 보배로 칩니다. 도(道)라고 하는 것도 어느 곳을 가리지 않으니, 거룩한 도가 참된 도입니다. 참된 도가 전해지는데 어찌 이 나라 저 나라의 경계가 있겠습니까?

엎드려 빌건대, 밝히 굽어 살펴서 우리 가르침이 참인지 거짓인지, 그른지 바른지를 가려 주십시오. … 국금(國禁)을 늦추시고 잡아들이는 일을 그만 두시며, 옥에 갇힌 억울한 죄인들을 놓아 주시어, 온 나라의 백성들이 평안히 생업을 즐기고 함께 태평성대를 누리게 해주시기를 천만 바랍니다.

'세상 사람들이 하느님은 공경할 줄 알면서 천주라고 하면 이상한 말로 생각하여 고약하게 생각하니 글을 아는 사람이 어찌 이럴 수 있느냐'고 호소하였다. 정하상은 심문당하는 자리에서도 천주의 존재와 신앙의 자유에 관한 토론을 거듭하다가 순교 당했는데, 이지

△ 정하상이 재상에게 보낸 편지가 홍콩에서 출판되었다 (왼쪽). 서기 1887년 홍콩 Nazarenth Press에서 출판된 『상재상서』 판권(오른쪽)

연도 이듬해에 사헌부에 탄핵 당하여 명천으로 유배되었다가 그곳에서 세상을 떠났다. 정하상이 이지연에게 보낸 편지는 천주교인들 사이에서 필사되어 읽혀지다가, 홍콩 레이몬디(Giovanni Timoleone Raimondi) 주교가 1887년 나자렌 출판사(Nazarenth Press, Pok Fu Lam, Hong Kong)에서 출판하여 중국 천주교인들에게도 소개되었다.

학부형 오인묵이 알렉산더 선교사에게 보낸 붓글씨 편지

해관(海觀) 오긍선(吳兢善, 1878~1963)은 1878년 10월 4일 충청도 공주에서 사헌부 감찰을 지낸 오인묵(吳仁默, 1850~1933)의 아들로 태어났다. 당시 여느 아이들처럼 8세부터 한학을 공부하다가 서울에 올라와 일찌감치 개화사상에 눈을 떴다. 1896년 내부 주사(主

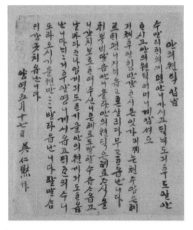

△ 오긍선(세브란스병원 한인 초대 원장)의 아버지 오인묵이 안의원(알렉산더 선교사)에게 보낸 편지

事)가 되었으나 배재학당에 입학하여 독립협회 활동에 참여하였다.

그 뒤 이승만 등과 함께 만민공동회의 간부로 활동하다가 체포령이 내려지자 공주에서 활동하던 침례교 선교사 스테드만(Steadman)의 집으로 피신하였다. 사태가 진정되자 1900년에 배재학당을 졸업한 그는 스테드만의 한국어 교사, 동역자로 활동하였으며, 스테드만이 미국으로 돌아가기 전에 소개해 준 미국 남장로회 선교사 불(Bull, 부위렴)의 한국어 교사와 조사로 활동하였다. 이후 1902년 12월부터는 군산 야소병원에 부임한 의료선교사 알렉산더(A. J. A. Alexander)의 어학교사를 겸하였다. 오긍선은 배재학당에 입학하여 감리교 선교사 아펜젤러에게 세례를 받고 감리교 신자가 되었지만, 알렉산더의 권유로 미국에 유학하면서 장로교 신자가 되었다.

알렉산더 선교사가 1903년에 부친 별세 소식을 듣고 급히 귀국하면서 오긍선을 데려가 센트럴대학 아카데미 과정에 입학시켰다. 이때 오인묵이 미국에 있는 알렉산더 선교사에게 보낸 편지가 켄터키 역사협회에 소장되어 있다. (현대 맞춤법으로 고쳐서 소개함)

안의원댁 입납

수만리 해외에 평안히 가시고, 댁내도 기후도 일안하시고, 안의원
댁 어머니께옵서도 기체후 일행 만강하시오니까. 괴제는 천주님
은혜로 태평히 지내옵고 혼실이 다 무고하옵나이다.

취복배(아뢰올 말씀은) 다름 아니오라 안의원댁 은혜로 자식을 이
같이 보호하여 주시니 은혜로도 말할 수 없사옵고, 날마다 하나님
께 기도하기를 안의원께(안의원 위해서) 기도하옵나이다.

내내 기후 안녕히 계시옵고, 대한에 수이 돌아오시기를 천만천만
바라옵나이다. 할 말씀 대강 그치옵나이다.

_ 양력 5월 17일 오인묵 배

붓으로 쓴 오인묵의 한글 편지는 전형적인 안부편지 투이다. 이 시
기에 가장 많이 팔리던 책 가운데 하나가 한글편지 쓰는 형식을 소개한
『언간독』(諺簡牘)인데, 오인묵의 편지는 이 책에 쓰인 안부편지 투에
'천주님(하나님)과 은혜'라는 말만 바뀌어 있다. 사헌부 감찰(정6품)까
지 지낸 사대부 양반 오인묵이 기독교로 개종하고 아들을 미국으로 유
학 보내더니 기독교식의 편지를 쓰게 된 것이다. 캔터키 센트럴대학 의
학부를 졸업하고 한국인으로 세 번째 미국 의사면허를 받은 오긍선은
1907년 8월에 미국 남장로교 선교부로부터 선교사 자격을 얻어 귀국
하였다. 군산 야소병원 의사로 활동을 시작하여 호남지방에 여러 교회
와 학교를 세우고, 세브란스의학전문학교 교장을 지냈다.

기독교 선교사가 1885년에 우리나라에 들어온 이래 많은 기록을
남겼지만, 가장 숫자가 많은 기록은 역시 편지이다. 자신을 파견한
본국 선교부나 친지들과 주고받은 영문 편지를 비롯하여 한국의 교

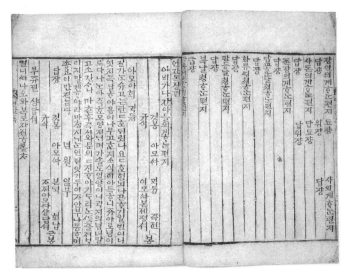

△ 한글 편지책 『언간독』 상권의 목차(오른쪽)와 예문(왼쪽)

인이나 친지들과 주고받은 영문, 국문 편지가 백여 군데의 아카이브에 소장되어 있다. 현재 일부가 번역되어 소개되었지만, 미국, 카나다, 영국, 호주, 일본, 한국 등의 아카이브에 소장된 선교사 편지를 모두 수집하여 데이터베이스를 구축하면 이 땅에 처음 기독교가 전해지던 과정뿐만 아니라 한국에 학교와 병원, 고아원이 세워지면서 근대화되어가는 과정도 실감나게 확인할 수 있다. 편집자의 주관이나 의도가 개입되는 일기나 평전보다는 선교 현장에서 벌어지는 그날그날의 사건과 감정을 솔직하게 주고받아 나중에 고칠 수 없는 편지야말로 1차 사료이자 기독교인의 숨결을 확인할 수 있는 작품이기 때문이다.

제 4 부

친숙한 문체로
신앙을 고백하고,
전도하다

13장
하나님을 유교 어휘 상제(上帝)로 표현한 한시

한국 천주교의 기원을 천진암 강학회에서 찾는 학자들이 있는데, 강학회 참석자들의 시에서 기독교의 편린을 찾아보기는 힘들다. 혹시 그 시기에 천주를 숭앙하는 시를 지었더라도, 천주교 박해를 겪으면서 남겨두지 않았을 것이다. 다산 정약용(丁若鏞, 1762~1836)이 강학회 개최 18년 뒤인 1797년 단오날 천진암에 들러 지은 시가 『여유당전서』에 실려 있는데 "흐르는 물에 발 씻는 게 무슨 뜻인지 알겠는가 / 조선 천지 많은 먼지를 밟았기 때문일세"(臨流濯足知何意, 曾踏東華萬斛塵)라는 구절처럼 어지러운 세상을 벗어나려는 생각이 보이기는 하지만, 천주에게 귀의하려는 뜻이라고 해석할 수는 없다.

이벽이 독서하던 곳 아직도 있건마는
원공이 살던 자취 아득하여 못 찾겠네.

풍류와 문채도 신령스런 지경이어야 하건만
반나절은 술잔 돌리고 반나절은 시를 읊었네.

천진암 강학회를 주도했던 8년 선배 이벽의 이름을 그대로 쓸 정
도로 저만치 거리를 두고 있으며, 인생무상 이상의 감회를 보이지는
않는다. "누가 이 좋은 언덕과 골짜기를 가져다가 / 두어 명 스님들만
차지하게 했단 말인가"(誰將好丘壑, 留與數僧專)라는 구절을 보면 천진
암은 더 이상 천주교의 강학회 터가 아니라 경치 좋은 절간일 뿐이다.

신구약 성경과 교리를 사언시로 지은 「성교요지」

한국인이 지은 최초의 신앙서적 가운데 하나가 이벽(李蘗, 1754~
1786)이 지은 「성교요지」(聖敎要旨)이다. 이 작품이 실린 『만천유고』
(蔓川遺稿)는 이승훈(李承薰, 1756~1801)과 관련된 글을 모은 책인데,
『만천유고』의 만천이 이승훈의 호라는 점에는 대부분의 학자들이 동
의하고 있다. 편집자 무극관인(無極觀人)을 천주교 학자들은 주로 다
산 정약용일 것이라고 추측하며, 이이화는 여러 가지 증거를 들어서
이승훈의 막내아들 이신규(李身逵)일 것으로 추정하였다.[1]

『만천유고』의 편집자에 대해서는 이설이 있지만, 「성교요지」를
지은 시인이 이벽이라는 점에 대해서는 한동안 이설이 없었다. 그러
나 최근 개신교를 아는 문인이 이벽, 이승훈 등의 천주교인 이름에
가탁하여서 지은 위작이라는 주장이 제기되었다.[2] 이 글에서는 「성

---

1 이이화, "이승훈 관계문헌의 검토―만천유고를 중심으로", 「교회사연구」 제8집, 1992.

교요지」의 작자가 이벽이냐 아니냐를 떠나서, 초기 기독교인들이 당시 지식인의 문학이었던 한시 형식을 빌려서 기독교 신앙을 설명하고 받아들였다는 관점에서 작품을 읽어보고자 한다. 『만천유고』는 목록과 발문 이외에 잡고(雜稿)·시고(詩稿)·수의록(隨意錄)의 세 부분으로 되어 있다. 잡고에는 「농부가」, 「천주실의발」, 「십계명가」, 「천주공경가」, 「경세가」, 「성교요지」 등이 실려 있는데, 『천주실의』(天主實義) 발문 이외에는 모두 시가(詩歌)이며, 이승훈이 아니라 다른 사람들이 지은 글이어서 잡고로 분류된다. 이이화의 검토3에 의하면 시고에 실린 70수 모두 이승훈이 지은 한시인데, 천주교 관련

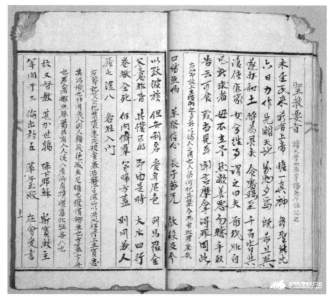

△ 신구약 성경과 교리를 사언시로 지은 『성교요지』(聖敎要旨) _ 한국학중앙연구원

2 윤민구, 『초기 한국천주교회사의 쟁점 연구』, 국학자료원, 2014.
3 같은 글.

내용은 없다고 한다.

잡고로 분류되는 글들은 대부분 국문으로 된 천주가사인데, 「성교요지」는 사언 장편 한시이다. 제목 아래에 "『천학초함』을 읽고서 이광암(李曠庵)이 짓고 주를 달아 기록하다"(讀天學初函, 李曠庵作註記之)라고 하였다. 『천학초함』은 명나라 천주교 문인 이지조(李之藻, 1565~1630)가 1629년에 천주교 서적들을 한문으로 번역한 총서이다. 이가환(李家煥, 1742~1801)이 천주교인이라는 죄명으로 순교 당하자 정약용이 묘지명을 지어주었다.

> 지난 건륭(乾隆) 갑진년(1784) 겨울 망우(亡友) 이벽(李檗)이 수표교(水標橋)에서 처음으로 서교(西敎)를 선교할 때에 공이 이 소식을 듣고 말하였다. "나도 예전에 『천주실의』(天主實義)와 『칠극』(七克)의 책을 보니, 그 내용이 비록 좋은 가르침이기는 하나 정학(正學)은 아니었는데, 이벽이 이 서교로 오도(吾道)를 변역시키고자 하는 것은 무엇 때문인가?" 곧바로 수표교로 가서 이벽을 꾸짖었으나, 이벽이 능란한 말솜씨로 서교를 설명하며 자신의 주장을 철벽처럼 고수하므로 공은 말로 다툴 수 없음을 알고 드디어 발을 끊고 가지 않았다. 이 뒤로는 공에게 의심할 만한 흔적도 찾아볼 수 없었다.

이벽이 '『천학초함』을 읽고 「성교요지」를 지었다'고 했는데, 구체적으로는 『천학초함』 이편(理編)의 『천주실의』와 『칠극』을 보고 지은 것이다. 그러나 요약하여 전달한 것은 아니니, 산문과 운문이라는 형식부터가 아주 다르다. 모두 49절로 되어 있는데, 1-15절은 천지 창조, 원죄론, 노아 홍수, 예수의 탄생, 전교 활동, 부활 등 신·구약 성서를 요약 설명한 내용이고, 16-49절은 인간의 도리, 교리 실천, 창조주의 공적과 오묘함, 구원을 위한 실천 도리 등 기독교의 주요 교리를 설명하면서 이를 바탕으로 입교를 유도하는 내용으로 되어 있다. 일종의 교리 해설서인데, 1절을 보자.

未生民來 사람이 나기 전에
前有上帝 상제가 먼저 계셨네.
唯一眞神 유일한 참 신이시니
無聖能比 비길데 없이 거룩한 분일세.
六日力作 엿새 동안 힘써
先闢天地 먼저 천지를 여셨으니
萬物多焉 만물이 그 안에 많으면서도
旣希且異 저마다 다르기를 바랐네.
遂加和土 힘써 흙을 빚어서
拵爲眞矣 생령이 되게 하시고
命處賜臺 편히 쉴 곳과 살 곳을 주시고
千百皆與 온갖 것을 다 주셨네.
復使宜家 또한 가정 이루도록
女兮往事 한 여자를 주시고
謂之曰夫 지아비라 부르게 하시니
爾我如自 너와 내가 한 몸이라.
凡所求者 필요한 모든 것이
毋不立豫 미리 준비하지 않은 것 없었으나
然欲善惡 선악을 알려고

勿聽手取 손을 대지는 말라셨네.

告云可食 먹어도 된다는 유혹 받고

或當見耳 보고 듣게 될까 하여

聞言摩拏 (여자의) 말 듣고 손을 대니

得罪因此 이로 인해 죄를 지었네.

右節記上主造物之多, 所以備人之用也, 人奈何犯基禁令而自取

罪戾哉.

이 절은 상주께서 모든 만물을 창조하시어 사람에게 쓰라고 주셨는

데도, 사람이 어찌 그 금령을 어기고 스스로 죄와 허물을 얻었는지

를 쓴 것이다.

이 시는 평측법(平仄法)을 지킨 오언이나 칠언의 근체시가 아니

라, 『시경』(詩經)체의 사언시이다. 제(帝)·비(比)·지(地)·이(異)·의

(矣)·여(與)·사(事)·자(自)·예(豫)·취(取)·이(耳)·차(此)자를 운으로

썼는데, 생민(生民)·상제(上帝)·의가(宜家, 宜爾室家)·여혜(女兮)·이아

(爾我, 鮮我覯爾) 등이 모두 『시경』에서 나온 말들이다.

이 시인이 국문 가사체를 쓰지 않고 시경체의 한시를 쓴 것은 당대

지식인을 독자로 상정한 것인데, 개신교 선교사들이 '하나님'으로 번

역한 God을 상제(上帝)로 번역한 것부터 독자들이 아는 어휘를 사용

하여 거부감을 느끼지 않게 하려는 시도이다. 이는 1658년 교황 알렉

산데르 7세(Alexander Ⅶ)가 중국의 선교사들에게 선교지의 토착관습

들이 채택되어 선교지역 교회가 '본방화'(本邦化, Indigenization)되어

야 한다는 지침을4 내린 영향이라고도 볼 수 있겠지만, 유학자들의 거

---

4 남상범, "이벽의 「성교요지」에 나타난 하느님 이해와 토착화 원리에 관한 연구", 인

부를 피하기 위한 초기 기독교 선교자의 조심스러운 태도라고 보면 당연한 시도였다.

중국이나 한국의 지식인들은 이미 유학의 삼경(三經)인 『書經』에서 "하늘과 땅은 만물의 부모이며 사람은 만물의 영장이다"(惟天地, 萬物父母, 惟人, 萬物之靈)라 배웠고, 『시경』의 "하늘이 천하 만민을 낳으시고 만물에 법칙을 정하셨다"(天生烝民, 有物有則)는 구절을 다들 외우고 있었다.

皇矣上帝 위대하신 상제께서
臨下有赫 이 땅에 위엄 있게 임하시어
臨觀四方 사방의 나라들을 살펴보시고
求民之莫 백성들이 안정할 곳을 찾으셨네.5

라는 시처럼 상제는 위대한 존재이고, 모든 것을 알고 있으며, 백성을 위해 모든 것을 해주는 존재이다. 마테오 리치가 중국인들에게 유교적인 용어로 천주교를 선교한 것처럼, 『성교요지』의 시인도 기독교의 God을 상제(上帝)나 천(天)으로 번역하여 익숙한 문장으로 한국 독자들에게 접근하였다. 천주(天主)라는 용어를 한 번도 쓰지 않을 정도로 조심하였다.

천가톨릭대학교 대학원, 2008, 14.
5 이가원, 허경진 공역, 『시경신역』(詩經新譯)「大雅 皇矣」, 청아출판사, 1991, 285.

애산 김진호 목사의 서대문감옥 체험과 한시

애산(愛山) 김진호(金鎭浩, 1873~1960) 목사는 경북 상주에서 태어나, 종조부 율재(栗齋) 김각성(金覺性)에게서 한문을 배웠다. 1899년에 서울에 올라와 안동 네거리 노암(魯菴) 이용태(李容泰, 1854~1922) 판서 집에 머물다가, 그가 1906년 궁내부대신 서리사무에 임명되자 세무주사로 수행하였는데, 이미 조선통감부가 설치된 시기였기 때문에 탁지부 고문(顧問)인 키카타(目賀田)가 세정(稅政)을 주관하고 조선인 관리는 아무 힘이 없을 때라. 곧바로 그만두었다.

오준영이 찾아와서 기독교에 다녀보자고 권하기에 몇 주일 승동교회에 가서 예배를 보았는데, 어느 날 저녁예배를 마친 뒤에 교회 사무실에서 서 장로(徐 長老)와 민영환(閔泳煥) 자결에 관해 이야기를 나누다가 '민보국(閔輔國)은 역적'이라는 말을 듣고 '기독교인들은 나라를 모르는 썩은 놈들'이라고 생각되어 그 교회에 출석하지 않았다.

그래도 궁금하여 그때 명성이 높은 전덕기(全德基, 상동감리교회, 1875~1914) 목사를 찾아가서 장로에게 들은 이야기를 전하였더니 전 목사는 듣고 깜짝 놀라며 "그 말은 옳은 말이지만 잘못 들으면 낙심됩니다. 사람의 생명은 하나님이 주장하시는 것인데 민보국(閔輔國)이 자의로 죽었으니 하나님을 거스림이란 말이요, 나라의 역적이란 말이 아닙니다. 그리고 민보국(閔輔國) 양심으로 죽었으면 하나님이 죄로 아시지 않습니다"[6]라고 하였다. 김진호 목사는 국가와 신앙을 하나로 받아들였다.

---

6 김진호, 『병중쇄록』(病中瑣錄), 김주황 목사가 제공한 1953년 회고록을 요약하여 인용하였다.

△ 배재기독학생회 임원들과 함께 사진을 찍은 김진호 목사(한복 차림)

1905년 전덕기 목사의 인품에 감화되어 기독교에 입교하고 1907년 12월 25일에 세례를 받았다. 공옥학교, 상동청년학원 교사로 가르치기 시작하다가, 피어선 성서학원, 협성신학을 수료하고 상동교회 전도사가 된 뒤에 YMCA, 배재학당에서 한문, 성경, 역사를 가르쳤다. 한문이 몸에 밴 상태에서 성경을 가르친 것이다.

김진호 목사는 평생 한시를 지었는데, 기독교의 신앙 체험을 한시로 표현한 것도 많지만, 일상생활을 읊은 시도 많다. 자신이 지은 한시를 『빙어』(氷語)라는 제목으로 직접 편집했는데, 「애산자서」(愛山自序)에 감옥 속의 신비 체험과 함께 애산(愛山)이라는 호에 대해 설명해 놓았다.

어젯밤에 홀연히 서너 사람인 듯 악대(樂隊)가 되어 병창(竝唱)으로 찬미(讚美)하는 소리가 들렸다. 내가 갑자기 몇 번 정신을 차리고 옆 사람에게 말했다, '이는 필시 나의 교회 형제들이 나를 위하여 깊숙이 갇혀 있는 모든 사람들을 위하여 이와 같이 찬미하며 지나가는 것입니다.' 당일에는 두려워 크게 소리를 감히 지를 수가 없었고, 다음날 아침에는 아무의 소리도 들림이 없었던 게 명백하였다. 이에 동료 죄수(囚人)들인 최성모(崔聖模, 1873~1936), 정춘수(鄭春洙, 1875~1951) 두 형을 불러서 말했더니 역시 모두 그 환희의 찬미가 산처럼 솟아오른 소리를 들었다고 말했다. 세 사람이 산을 올려다보며 산허리에 올라가는 얘기를 하는데 어떤 사람이 올라가며 내려다보니 그 옷이 오문필(吳門匹)과 같았으나 누구인지는 몰랐다. 최성모 형이 내게 말하기를, '형이 만약 먼저 나가거든 나의 아들 경환(景煥)으로 하여금 저기 오르게 하여 그 아들의 손을 잡고 함께 올라가서서 나로 하여금 그를 보게 해 주시오'라고 했다. 내가 그러마고 허락하였고 인왕산은 위안이 되었으니, 어찌 나 호(浩)에게 그리되는 축복이 아니리요? 나 또한 감복하여 따라서 시를 읊었다. "명산은 나라를 둘러 서쪽 동쪽을 진정시키니, 비에도 닳지 않고 바람도 흔들지 못하네. 만백성이 우러르고 독립을 생각하니, 특별한 땅에 굳게 서서 하늘에 접하였다네."[7]

서대문 감옥에서 날마다 창밖으로 내다보는 인왕산을 꿈속에서 찬미소리와 함께 신비체험하며 위안을 받고, 나라를 지켜주는 진산(鎭山)이라는 확신이 생겨 산을 사랑하게 되었다는 것이다. 「애산자서」를 쓰던 1919년에[8] 지은 시는 『빙어』 3권인 「실국편」(失國編)에

---

7 김진호 목사가 지은 서문과 한시는 모두 송병혁 목사의 번역인데, 김진호 목사의 손자 김주황 목사가 출판하기 위해 편집을 마친 상태이다. 출판되지 않은 원고와 사진을 보내준 김주황 목사(애산교회)에게 감사드린다.
8 이때 서문을 직접 쓴 것은 아니다. "一九一九年 己未秋 於西監中 腹稿"라고 하였으

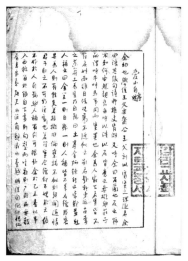

△ 김진호 목사의 시집 『빙어』 _ 감리교신학대학교

실려 있다. 「실국편」은 고종의 붕어를 슬퍼하는 「태황제 폐하께 만사(輓詞)를 받들어 올림」(奉輓太皇帝陛下)이라는 시부터 시작되는데, 「서대문 감옥에서 여러 가지 읊음」(西監雜詠) 16수가 3권의 대표작이다. 「서대문 감옥에서 여러 가지 읊음」(西監雜詠)이라는 제목 아래에 "이 해 3월 1일 만세의 소요(騷擾)가 있어서 나 역시 혐의를 받아 서대문 감옥에 들어감"(是歲三月一日, 有萬歲之騷, 余亦被疑入西獄)이라는 자주(自註)가 있고, 칠언절구와 칠언율시들이 시작된다.

瓢匏身勢墜陰房 조롱박 신세와 같이 감방으로 떨어져
鐵限牢門如獸防 꼼짝없이 우리에 짐승 가두듯 하였네.
萬死福甘食笑入 만사일생도 복처럼 달게 여기며 들고

니, "1919년 기미년 가을 서대문 감옥에서 마음속에 생각해놓은 원고"라는 뜻이다. 감옥 속이라 종이에 쓰지 못하고 마음속에 구상만 했던 내용을 나중에 썼다.

更思我屋似天堂 다시 생각하면 나의 방도 천당이로다.

　제1수는 방(房)·방(防)·당(堂)의 평성 양운(陽韻)으로 지었는데, 서대문 감방을 일본인은 짐승우리라 생각하고 가두었지만 내게는 천당이라고 술회하였다. 「애산자서」(愛山自序)에 감방에서 인왕산을 바라보며 찬미소리를 들었다고 했는데, 제1수가 바로 "내 주 예수 모신 곳이 그 어디나 하늘나라"라는 간증의 찬송이다. 제2수의 "감옥살이 경험도 모두 은총의 빛이로다"(鐵窓的歷偏恩光)라는 구절은 그 부연 설명이다.

相看相笑鬢毛生 살쩍에 흰머리 생겼다고 서로 보고 웃으니
屋裡秋聲動客情 감옥 속 가을 소리에 객의 마음 울리네.
讀物矜能忘病苦 읽을거리가 병의 아픔을 잊게 해주니
家書怳若得聰明 집에서 오는 편지가 정신이 나게 해주네.
未知安市今何處 안시성이 지금의 어느 곳인지 아지 못하나
有說瀋陽卽我城 심양이 우리의 도성이라는 설도 있네.
不久遠鴻南北路 머잖아 멀리서 기러기가 남북의 길을 올텐데
蒼蒼在彼白雲橫 푸른 하늘엔 흰 구름만이 가로질러 있구나.9

　제12수는 날마다 책을 읽던 시인이 책을 볼 수 없어 동지의 흰머리나 보며 서글프게 웃다가, 집에서 온 편지를 보며 위안을 받는 모습이다. 기러기는 편지를 전해주는 새인데, 감옥에 갇힌 시인은 해방

---

9 필자가 번역문을 자연스럽게 고쳤다.

될 조국의 영토를 한반도로 상정한 것이 아니라 고구려 전성기의 안시성과 심양을 포함하는 만주대륙까지 꿈꾸었다. 지금은 흰 구름이 눈앞을 막고 있지만, 머지않아 북에서 독립의 기쁜 소식을 가지고 기러기가 돌아오는 날을 그려본 것이다. 김진호 목사가 배재학당에서 한문과 성경, 역사를 가르치다 감옥에 들어왔으니, 감옥 속 가을 소리에 그의 마음이 울린 것은 흰머리가 늘어서가 아니라 기러기 울음소리에 조국광복의 소식을 기대했기 때문이다.

그가 감옥에서 들었던 가을 소리가 단순한 철새의 울음소리가 아님은 「서대문 감옥에서 여러 가지 읊음」에 이어지는 시 「출애굽기를 읽고 느낌이 있어」(讀出埃及有感), 「부활」(復活), 「복음」(福音) 등의 제목만 보아도 알 수 있다.

主破眞權復起身 주님이 사망의 권세 깨뜨려 몸 다시 살리니
門徒五百目其眞 오백 문도들이 그 진실을 목격하였네.
時來角響雲間發 때가 오면 나팔소리 구름 사이에 들려와
喚起春山大寧人 봄 산을 불러 일으켜 사람들 크게 평안케 하리라.
_「부활」

이 시에는 "그리스도가 일찍이 '사람은 반드시 부활한다' 말했는데, 십자가에 운명한 후 삼일에 과연 부활하였으니 제자들이 다 목격하였다"(基督曾言, 人必復活, 十字殞命後三日, 果復活, 門徒皆目擊)는 자주가 붙어 있다. 둘째 구절은 고전 15:6, 셋째 구절은 고전 15:52를 시로 쓴 것인데, 감옥에 있는 김진호와 신앙의 동지들뿐만 아니라 대한독립만세를 불렀던 조선 이천만 동포가 언젠가 독립의 기쁜 소식

이 들려올 때를 기다렸다.

예수의 부활처럼 나라를 빼앗긴 조선민족의 부활을 김진호 목사는 「복음」에서도 고대했으니, "복된 소식이 이천년 만에 들리니, 평화가 팔만리에 퍼지네"(消息二千年, 平和八萬里)라는 간증이 바로 그것이다. 「출애굽기」를 즐겨 읽던 조선민족에게 복음이란 바로 해방과 평화였는데, 「복음」의 마지막 구절에서 "상제의 등불을 길이 밝히네"(長明上帝燈)라고 하였다. 초기 기독교인들이 복음으로 여겼던 상제(上帝)의 말씀이 김진호 목사에게는 어두운 세상을 밝혀줄 등불이자 복음이었던 것이다.

전덕기 목사 기념비를 한시로 새기다

비석은 사연을 오래 전하기 위해 돌에 새기는 글이다. 비문은 산문으로 짓지만, 산문 끝에 사언시를 붙이면 묘비명(墓碑銘)이 된다. 자신들을 신앙의 길로 이끌어준 상동교회 전덕기 목사가 105인 사건으로 체포되어 모진 고문을 받은 끝에 세상을 떠나자(1914년), 공옥학교 제자들이 기념비를 세웠는데(1922년) 그 비문을 김진호 목사가 지었다.

神佑東方 하나님이 우리나라를 도우셔서
公乃挺生 공이 우뚝 태어나셨네
畏心鐵血 두려워하는 마음과 쇠 같은 피로
其身犧牲 그 몸을 희생하시고

默悟天酌 하늘이 내리신 뜻 묵묵히 깨달아

牧羊盡忠 양떼를 먹이기에 충성을 다하셨네

敎育泰斗 교육에는 태두시며

宗敎棟梁 종교에는 동량이셨으니

于于我民 아! 우리 우리 백성들을

何法拯救 어느 법으로 건져 구원하랴.

居常痛悔 평소에 가슴 아프게 회개하다

臨命哀悼 운명을 앞두고 슬퍼하니

再臨何日 재림이 어느 날인가

復觀面目 그 모습 다시 보리라

衆心感泣 여러 사람이 느껴워 울며

以竪片石 조각 돌을 세우노라

비문을 당연히 산문으로 짓던 시기에 전통적인 명(銘)으로 지었던

△ 전덕기 목사 비문 _ 상동교회 교회역사자료실

이유는 김진호 목사가 한시 짓기를 일상화했기 때문이다. 당시 「동아일보」에 한시를 게재하는 「사조」(詞藻)난이 있었는데, 1920년 7월 20일에는 동아일보를 읽어본 느낌, 23일에는 미국 감리교 총회에 참석하러 가는 오기선, 김영섭, 안동원을 송별하며 지은 시, 24일에는 인천 내리교회에 설

교하러 가며 지은 시를 잇달아 발표하였다. 『성교요지』를 지은 시인처럼 이름을 감추고 상제(上帝)를 노래한 것이 아니라 '애산 김진호'라는 이름으로 떳떳하게 기독교 한시를 만천하에 공개하는 시대가 된 것이다. 번역을 마친 『빙어』가 빨리 출판되어 독자들에게 널리 전해지기를 고대한다.

14장
신구약 성경을 한시로 풀어 쓴
정준모 장로의『경제사율』

독서와 계몽을 통해 자강을 주장하다

낙춘(樂春) 강규찬(姜奎燦, 1874~1945) 목사는 16세까지 한문 공부를 하였으며, 1908년 미션스쿨인 선천 신성학교 교사로 부임하기 전에는 서당과 다른 학교에서 한학을 가르쳤다. 1907년 7월「대한자강회 월보」제13호에 투고한「대한자강회 월보를 읽고 느낀 바 있어」"讀大韓自强會月報有感"[1]이라는 글에서 "오늘 우리 한국이 놓여있는 조건이나 놓이게 되는 형편은 두 가지 슬픈 것이니 첫째는 서로 물고 죽이는 재앙이고, 둘째는 노예제도의 불행이니 이 모두가

---

1 「대한자강회 월보」는 13호까지 발간되었는데, 13호에 처음으로 "讀大韓自强會月報有感"이라는 제목의 독후감이 실렸다. 회원 정제원(鄭濟原)이 같은 제목의 칠언절구를 투고했는데, '회원'을 밝힌 원고는 처음이자 마지막이다. 강규찬 목사는 13호까지 실린 회원명부에 보이지 않는다.

자강할 수 없는 조건"이라고 비판하였다. 관리들의 약탈과 도박탕진, 과도한 술, 남녀 무당의 부적 등이 모두 자강을 막는 사회문제라고 지적하며, 민족이 각성하고 자강을 쟁취하려면 「대한자강회월보」를 모두 읽어보라고 권면했는데, 한문에 현토(懸吐)한 이 글의 마지막 구절에서 교육과 계몽으로 국난을 극복하려는 그의 의지가 엿보인다.

△ 강규찬 목사 평양신학교 졸업 앨범 _ 국민일보DB

> 아아! 나의 동포여. 생존이 멸망보다 낫다는 것을 안다면 이 월보로 집을 편안케 하고 몸을 지켜주는 경문(經文)으로 삼아 날마다 읽어보소서. 정성껏 읽으면 황천께서 굽어 살피시사 모든 사악함이 바르게 돌아오고, 집안과 나라가 함께 태평하리이다.
> 嗟我 同胞여 如知生存이 優於滅亡인디 以此報로 爲安宅護身之 經文ᄒ야 逐日講之ᄒ소셔 精誠攸曁에 皇天俯鑑ᄒ샤 百邪歸正ᄒ고 家國竝泰ᄒ리이다.

강규찬 목사는 이듬해에 선천 신성학교 교사로 부임해 수많은 청년들을 가르쳤지만, 1911년 10월에 발생한 105인 사건으로 동료 교사들과 함께 구속되어 학교를 떠났다. 2년 옥고를 치르고 풀려난 그는 신성학교로 돌아가지 못하고 1913년 평양신학교에 입학하였다. 이 학교를 졸업한 뒤에 평양 산정현교회 목사로 부임하였는데, 모교에 「학우회보」가 창간되자 입학 10주년이 되던 1923년 6월 「학우회보」 제2호 사조(詞藻)에 칠언율시 1수를 투고하였다.

학우들에게(贈學友) _ 낙춘 강규찬 목사

학우들과의 인연이 깊어 이 시를 이루었으니
십년의 흥폐를 회생으로 고쳤네.
달 밝은 밤마다 멀리서 그리워하다
오늘 봄바람을 끌어와 정을 부치네.
써서 부치는 마음은 비록 적으나
마음 속의 진심을 밝히 비쳐주리라.
우리들의 성역은 당당한 일이니
하나님 권세 의지하여 마귀의 성을 무너뜨리세.
學友緣深詩爲成。十年廢興更回生。
每逢月夕遙相憶, 今引春風快送情。
題寄片言雖少少, 所懷肝膽照明明。
吾儕聖域堂堂事, 共仗神威破魅城。

대개 시를 짓는 사람들은 예스러움으로 속기(俗氣)를 벗어버리는
것을 으뜸으로 여기고, 그 다음은 일을 서술하고 사실을 기록하는
것이다. 나는 평소 시문(詩文)에 익숙하지 않아 법에 따라 예스럽
게 할 수 없어, 사실을 기록하는 정도로 글을 얽어 충심을 드러내
보인다. 시로써 평하지 않으면 다행이겠다.

그는 자신이 한시에 익숙하지 않아 하고 싶은 말을 얽어냈을 뿐이
니, 시가 잘되고 못된 것을 평하지 말라고 부탁하였다. 그러나 나이

此外에도 敎役者의 게는 必修할 性格이 一二에 止할바안 以上세 가지 性格은 잇서야 靈界戰取에 勝利의 冠을 어들 이나 紙面이 有限이라 一々히 枚擧치 못하거니와 적어도 줄알고두어마되 이만告하노이다。

詞藻

贈學友

　　　　　　樂春姜奎燦牧師

學友緣深詩爲成、十年歷與更同生。
每逢月夜遙相憶、今引春風快送情。
題寄片言雖少少、所懷肝膽照明明

大凡爲詩之家以著古股俗爲第一　其次則序事記實也走於詩文素不嫺雅不能往法蒼古敎搏記實之詞聊表寸衷奉勿以詩評之焉

詞藻

學窓偶成

　　　　　　寄　石吳建泳

恩風惠雨最佳辰、九十韶光萬古心。
真言世道多夷儉、許我負弦却是異。
白日如年智界澗、青山似舊眼前新。
成功已在降生主、讚美永歸上帝神

　　　　　　　　　　　　　　一三

△ 평양신학교 『학우회보』 2호에 실린 강규찬 목사의 한시 〈贈學友〉. 셋째 구절의 구(久)자가 틀렸다고, 어떤 독자가 석(夕)자로 고쳐 놓았다.

쉰이 된 산정현교회 목사라면 이미 교계의 중진이니, 학우들에게 지어준 이 시는 함께 성역을 담당하는 신앙의 동지들에게 하나님 권세 의지하여 마귀의 성을 무너뜨리자고 격려하는 군가이기도 하다. 이 시기 부흥회에서 군가풍의 찬송가가 많이 불렸다.

　강규찬 목사의 한시는 제자 박형룡 박사의 『전도서』 주석에 집중적으로 인용되었다. 박형룡 박사는 1913년 4월부터 1916년 3월까지 선천 신성중학교를 다녔으며, 이 학교를 다닐 때 스승 강규찬과 같은 선천북교회에 다녔다. 1916년 4월부터 1920년 3월까지 숭실

대학을 다닐 때도 강규찬 목사가 시무하는 산정현교회에 출석했다. 자신의 후임을 염두에 두며 산정현교회 조사로 박형룡 박사를 초빙한 것도 강규찬 목사였다.[2]

중국고사 황량몽이나 망양지탄으로 전도서를 풀이하다

박용규 교수가 박형룡 박사의 『전도서』 주석에 인용된 강규찬 목사의 한시 7편을 찾아내어 소개했는데, 중국 금릉대학에 2년간 유학할 정도로 한문 소양이 대단한[3] 박형룡 박사가 강규찬 목사의 한시를 인용한다는 것은 박형룡 박사가 평소 강규찬 목사의 한시를 자주 읽어 그 수준을 알았으며, 그 시가 자신의 『전도서』 주석을 읽을 독자들에게 도움이 된다고 여겼기 때문이다.[4] 박형룡 박사는 『전도서』 1장 첫 단락의 주석을 이렇게 마무리하였다.

전도자는 세계 만사 만물의 공허 무익함을 크게 웨쳐 연설하기 시작하였다. … 그의 공허감은 그의 인여사물(人與事物)에 대한 지식의 증가와 함께 세정(世情)을 샅샅치 간파함에 그에게 습래(襲來)한 것이오, 이 공허감의 습래와 함께 비애와 현혹이 그에게 도래한

---

2 박용규, "한학자(漢學者)로서 낙춘(樂春) 강규찬(姜奎燦)", 「신학지남」 304호, 2010, 199.
3 같은 곳.
4 나의 할아버지 허응숙 목사도 황해도 문화읍교회 조사로 봉직하다가 문화읍 장날 독립선언서를 낭독하며 삼일만세운동을 주도한 죄목으로 3년 복역한 뒤에 뒤늦게 평양신학교를 다녔는데, 강규찬 목사의 한시가 인용된 『전도서』 주석을 읽고, 기회가 있을 때마다 한시를 쓰셨다. 당시 신학교에 나이 많은 학생들이 많았으므로 감신대 학보인 「학우회보」에도 한시가 실렸던 것이다.

—(32)—

을 成就해볼수도 없거니와 設或 어떤意味의 非常한 事業을 成就하여 놓는다고 할지라도 그것의 功名이 永續될수는 없으니 더욱 可嘆하여라。

結辭

傳道者는 世界 萬事 萬物의 空虛 無益함을 크게 웨처 演說하기 始作하였다。그는 世界에 對하여 어떤 偏頗的 見解를가졌거나、或은 厭世思想의 激昂으로 嘲笑的態度를 取하였기때문에 이러한 演說을 하는것은아니다。다만 生의 事實 그대로를 說破함이 그러하다。그의 空虛感은 그의 人與事物에 對한 知識의 增加와함께 世情을 샅샅치 看破함에 미처서 그에게 襲來한것이오 이 空虛感의 襲來와 함께 悲哀와 眩惑이 그에게 到來한것이다。우리敎界의 元老某氏가近者에 吟詠한 一句의詩는 이傳道者의 心懷를 足히捕捉한바 있다고 본다。

哲人巨擘 所羅門 萬事紛紜空且虛 看破世情 吐玉言 捕風捉影瀰乾坤(牧師姜奎燦作)傳道者가 如斯한 空虛感으로부터 逃避하여 간곳은 全宇宙가 義、善、能力의 神에게 統治를 받는다는 信仰이였다。神政治下에 있는 世界에 어떻게 空虛性이 있게 되였느냐의 問題는 七章二十九節에 그解答인듯한 暗示가 있으니、即 神은 사람을 正直하게 創造하셨으나 사람은 許多한 智謀를 꾀하였다하는것이다。使徒 바울이 로마 八章에 이解答에 對한 좀더 明瞭한 叙述을 試하였으니、即 空虛의 起原은 人類墮落의 結果로 罪惡이 世界를 征服하고 腐敗케한데 있다고하였고、그것의 絕滅은 하느님의 子女들의 榮光과 自由가 넘치는 復活과가 있을때까지 猶豫된다고 하였다。

大義

多樣의 虛事物 (一一二六)

傳道者는 예루살렘의 王者로서 自己 스스로가 經驗한바 모든 事物의 空虛함을 列擧하여 緖言에서 웨친、『모든것이 헛되다』는 大宣言의 無誤함을 證明한다。① 智慧의 追求는 疲困하고 不滿하였다。그것은 空虛하여『바람을 잡는 것』이였다。또한 智慧가 많으면 煩勞도 많은것임을알었다(一二-一八)。② 肉體的 逸樂과 歡願에는 참喜樂이 있는가 王宮의 豪華奢侈한 生活도 空虛하여 無益한것이였다(二一-一一)。③ 多方面으로 人性을 研究하여 智者와 愚者와의 性行上 差異는보았으나 智者도 暫時後에 愚者와 함께 死亡의 悲運을 當한다。또 智慧를 써서 얻은 富도 死後에는 自然히 他人의 所有가 되며 他人의 消費하는바가 된다。이러하여 生에 對한 憎惡心은 增加하고、萬事萬物이 空虛하여 捕風함과 같음을 더욱 깊이 느끼게 되었다(二一二-二三)。④『먹고 마시며 勞苦하는가운데서 심령으로 락을 누리게 하

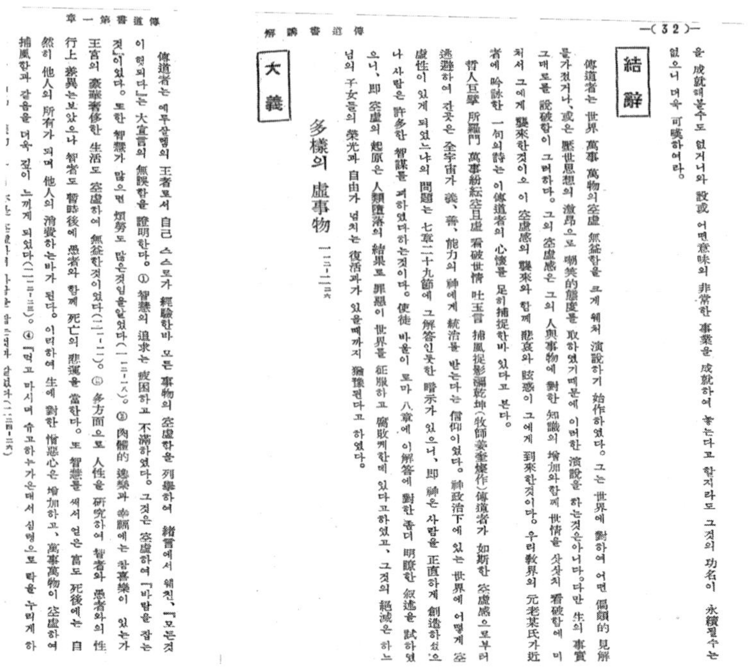

△ 박형룡 박사의 『표준성경주석 전도서』 1장 첫 단락 결사에 인용된 강규찬 목사의 한시

것이다. 우리 교계의 원로 모씨(某氏)가 근자에 음영(吟詠)한 이 일구(一句)의 시는 이 전도자의 심회를 족히 포착한 바 있다고 본다.

哲人巨擘所羅門。萬事紛紜空具虛。
看破世情吐玉言。捕風提影瀰乾坤。(牧師姜奎燦作)
위대한 철인 솔로몬이
만사가 어지러워 헛되고 헛되다 했네.
세상사람 마음을 꿰뚫어보고 구슬 같은 말을 토했으니
바람 잡고 그림자 따르는 생각이 천지에 가득하구나.[5]

박형룡 박사는 "우리 교계의 원로 모씨가 근자에 음영한 일구(一句)의 시는 이 전도자의 심회를 족히 포착한 바 있다"라고 보았기에 인용했는데, "근자에 음영"했다는 말을 보면 강규찬 목사가 박형룡 박사의 부탁을 받아 강해(講解) 결사(結辭) 원고를 미리 읽어보고 지어주었을 가능성이 있다. 1983년에 간행된 『박형룡박사저작전집』의 『주석 전도서』가 아니라 1937년에 간행된 『표준성경주석 잠언 전도 아가』를 보면 결사(結辭)의 첫 구절이 한시의 두 번째 구절이 되고, "세정(世情)을 삿삿치 간파함"이 한시의 세 번째 구절이 되었기 때문이다.

2장에 인용된 한시는 중국의 고사들을 끌어다 쓴 수준 높은 시이다.

> 行樂亦黃粱。智愚俱亡羊。
> 莫問死後事。要享神祐康。(牧師姜奎燦作)
> 즐거움을 누리는 것도 기장밥이고
> 슬기로운 자나 어리석은 자나 모두 양을 잃었네.
> 죽은 뒤의 일을 묻지 마소
> 하나님의 도우심으로 평강을 누리리니.

중국 당(唐)나라 때 노생(老生)이 한단으로 가는 길에 주막에서 도사(道士) 여옹을 만나 그의 베개를 빌려 베고 자면서 한평생 부귀영화를 누리는 꿈을 꾸다가 깨어보니, 잠들기 전에 짓고 있던 기장밥이 그때까지도 익지 않았다고 한다. 황량몽(黃粱夢)은 「침중기」(枕中記)에 나오는 이야기인데, 세상의 부귀영화가 덧없음을

---

5 박형룡, 『표준성경주석 잠언 전도 아가』, 장로회총회 종교교육부, 1937, 32.

△『표준성경주석 전도서』 2장 주석에 인용된 강규찬 목사의 한시. 첫 구절의 양(梁)자가 양(粱)자로 잘못 나왔다.

비유하는 말이다.

　장(藏)과 곡(穀)이란 사람이 각각 양을 먹이다가 잃어버렸는데, 그 까닭을 물으니 장은 책을 읽고 있었고 곡은 노름을 하였다고 한다. 두 사람이 한 일은 비록 다르지만 양을 잃은 것은 같다는 뜻인데, 망양지탄(亡羊之歎)은 『장자』(莊子) 「병무」(騈拇)에 나오는 이야기이다. 생육신의 한 사람인 추강(秋江) 남효온(南孝溫)도 「약호부」(藥壺賦)에서 "영고성쇠는 황량에서 느꼈고"(感榮枯於黃粱), "득실은 망양에서 깨달았다"(悟得失於亡羊)라고 하였다. 강규찬 목사는 구약시대 전도자의 허무를 당시 지식층 독자들이 잘 알고 있던 황량몽이나 망양지탄으로 비유하여 깨닫게 한 것이다.

세납을 책임지지 못해 서울로 올라온 양산군 아전 정준모

춘전(春田) 정준모(鄭駿謨, 1860~1935)장로는 경상남도 양산군 양산읍 남부동에서 아전 정창훈의 외아들로 태어났는데, 2세에 부모를 여의고 친척집을 떠돌다가, 마을 어른들의 배려로 서당에서 숙식을 해결하며 한학을 배웠다. 한때 불교에 귀의하여 양산 통도사, 청도 운문사 등을 돌아다니며 5년 동안 불자로 살았지만, 고향으로 돌아와 지물포를 차렸다. 24세에 동래 선비 유치홍의 딸에게 장가들어 처가에 살며 유생들과 교유하다가, 흉년이 들자 고향 양산으로 돌아와 조상 대대로 이어오던 아전으로 4년간 일했다.

정준모 장로가 환갑 뒤에 기록한『나의 파계(派系)와 나의 경력(經歷)』에선 "이방(吏房)을 4년 동안 해도 유익은 없고 손해만 심중하여… 양산에서 지보(支保)할 형편이 전무하여… 군수 장한기씨를 따라 경성으로"6 갔다고 기록했는데, 당시 양산군수 장한기(張漢基)와 정준모 장로는 경제공동체였다. 대한제국을 선포하고 국고가 탕진된 황실에서는 지방관들에게 세납(稅納)과 공납(貢納)을 책임 지위, 부족한 부분을 개인적으로 변상하게 하였다.『승정원일기』고종

---

6 정준모,『나의 派系와 나의 經歷』, 필사본, 1922, 40-41.

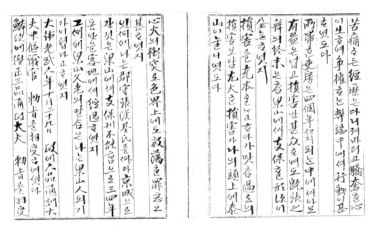

△ 정준모 장로가 기록한 자서전 가운데 양산군수 지불보증을 잘못 선 부분

39년(양력 1902년 8월 5일) 기사에 탁지부 대신 심상훈이 장한기 군수에 관해 아뢴 기록이 보인다.

근년 들어 세납을 지체하는 폐단이 갈수록 심해지면서 점점 고질이 되어 수습할 수 없는 지경에 이르렀으니, 이보다 더 통탄스러운 일이 어디에 있겠습니까. … 공전(公錢)을 유용하여 장사로 이익을 얻는 데에 급급한 나머지 기한이 지났건만 조금도 거리낌이 없습니다. … 납부하지 않은 양이 가장 많은 전 통진군수(通津郡守) 이규중(李槼重)…등은 우선 파면한 다음 법부로 하여금 잡아다 징계하여 가두도록 하며, … 전 장기군수(長鬐郡守) 장한기(張漢基) 등은 전임과 후임이 교체될 때 전후로 납부하지 않은 조세의 다과(多寡)를 미리 단정하기 어려운 점이 있으니 또한 법부로 하여금 나문(拿問)하여 조사한 다음 죄의 유무에 따라 처리하는 것이 진실로 사리에 부합할 것입니다. …

고종이 "아뢴대로 시행하라" 하였으니, 양산군수 장한기는 당연히 해임되어 심문을 받았을 것이다. 그러나 장한기는 같은 해 9월 3일에 군위군수로 임명되었다. 장한기는 1901년 10월 9일 장기군수, 1902년 3월 7일 영덕군수, 4월 9일 영산군수, 4월 26일 양산군수, 1902년 9월 3일 군위군수에 잇달아 임명되었는데, 그때마다 몇 달이 되지 않아 빚만 지고 쫓겨났다. 『승정원일기』 1903년 6월 30일 기사에 "전 군위군수 장한기(張漢基)에 대해 해군(該郡)의 임인년 조공납을 체납한 일과 관련하여 탁지부에서 상주하여 본관을 면직하고 법부로 하여금 붙잡아 독촉하여 받아들이도록 하고 규율에 따라 징계하도록 하였습니다. 그런데 해당 공전을 이제 이미 기준대로 납부하였으므로 징계 사면안을 삼가 갖추어 개록하였습니다. 삼가 성상의 재결을 기다립니다"라는 기록과 함께 "재가한다"는 기록이 보인다. 이미 면직된 1902년 군위군의 세금 빚을 뒤늦게 갚고 사면 받은 것이다.

정준모 장로는 양산군의 부호방(副戶房)이었으므로 장한기 군수의 세납을 함께 책임지다가 지불보증을 다 갚지 못해 서울로 올라왔다. 탁지부에서 정해준 세금을 완납하려면 그만큼 백성들을 착취해야 했는데, 실무책임자였던 정준모 장로는 차마 그렇게 하지 못했던 것이다.

게일 선교사의 연동교회에 다니며 신앙을 가지다

정준모 장로의 자서전 『나의 파계(派系)와 나의 경력(經歷)』을 보면 "대한 광무 6년(1902) 10월 29일 정(政)에 6품 통훈대부 중추원 의관 칙지"를 받았다고 했는데, 실록이나 『승정원일기』에는 기록이 보이지 않는다. 장한기 군수의 이력에서도 볼 수 있듯이 대한제국 시기에 워낙 많은 관직을 내렸다가 후임자에게도 새 벼슬을 주기 위해 곧바로 교체했으므로, 정준모 장로도 칙지(勅旨)만 받았을 가능성이 있다. 『승정원일기』 1903년 10월 16일 기사에 "수륜원

△ 정준모 장로가 쓴 서문

주사 정준모"라는 기록이 보이는데, 준(駿)자가 준(俊)자로 쓰여 있어 동일 인물인지는 확실치 않다.

정준모 장로는 이 시기에 서울에 살면서 획기적인 신앙 체험을 하게 되는데, 자서전에 "第十四次 내가 罪路에셔 回頭홀 生覺이 남"이라고 소제목을 붙인 부분이 바로 그 내용이다. 47세가 되면서 그동안 관직과 금전에 쫓겨 살아왔던 과거를 돌이켜보고, "예수를 믿는 것이 마음에 좋은 줄로 생각"하여 연동교회에 다녔다. 그는 양산 남부동에 교회를 설립하여 영수(領袖)가 되고, 부산의 미국 의사 어을빈병원에 가서 부부의 한국어 교사, 규범학교의 한문 교사로 활동하다가 경남 일대 10여 교회의 합동 조사(助事)로 복음 전파에 힘썼다. 어을빈(魚乙彬, Charles Irvin) 선교사 부부의 한국어 교사가 된 이유

```
        Mr. Chung has asked me to write a
few words by way of preface to this book of
poems. It is indeed a pleasure to respond
to his request - especially when I remember
that he was teacher and life-long friend of
my parents during their residence in Korea.
I regret I am unable to read these poems in
the original for I am told Mr. Chung is a
master of the Classics and possesses an
unusually fine style.  Surely this book coming
from the hand of so learned and venerable a
scholar will be a joy to the reader and a
lasting addition to Korean literature.

December 17, 1934.
```

△ 어을빈 2세 선교사가 정준모 장로를 부모님의 스승이라고 소개한 『경제사율』 추천사

는 밝혀져 있지 않지만, 아마도 게일 선교사가 추천했거나 상동교회 교인이었다는 인연 때문이었을 가능성이 있다.

그의 활동은 한학(漢學)과 관련되는데, 남부리에 세운 교회도 서당을 개조하여 예배당으로 사용했으며, 어을빈 선교사 부부의 한국어 교사가 되거나 어을빈 부인이 세운 규범학교의 한문 교사가 된 것도 모두 그의 한학 덕분이었다. 초기 선교사의 한국어 교사들은 당연히 한국어 전공자가 아니라 한학 지식을 갖춘 선비들이었다.

정준모 장로는 1915년 7월에 양산읍교회 초대 장로가 되었으며, 1922년에 주기철 목사가 부임하자 물금으로 이사하여 물금교회를 세웠다. 초대 조사로 봉사하면서, 남은 생애를 『경제사율』(經題詞律) 집필에 전념하였다. 1933년에 집필을 마치면서 쓴 「서언」(序言)에서 책을 쓴 이유를 설명하였다. "성경은 참으로 믿는 자의 일용할 영적 양식이요, 또한 믿는 자들이 때를 따라 마시는 영적 샘물"이어서 성경을 읽으며 깊이 묵상한 느낌을 한시를 지은 것이 『경제사율』이라고 하였다.

그는 "요즘 선비들의 음풍농월이나 산수담론(山水談論)과 색상(色相)이 같지 않아서 일반인들이 돌려보기에는 별로 아름다운 점이 없지만, 성경을 즐겨 읽는 형제들에게 조그만 도움이라도 되면 다행이겠다"고 감회를 밝혔다. 서문은 "거룩하신 주님은 선한 분이시니 항상 은혜와 용서를 베푸셔서 저의 간구를 굽어 살피시고 저의 기도를 들으시어 모든 곤란에서 구원하시옵소서"라는 기도로 끝나는데, 신약경제사율 484수와 구약경제사율 472수가 모두 그의 간구이고 기도이다.

성경 주제를 율시로 풀어낸 정준모 장로의 『경제사율』

『경제사율』(經題詞律)은 제목 그대로 성경의 주제를 율시나 절구로 지은 것이다. 신약경제사율의 첫 수는 「성경을 즐겨 읽으라」(愛讀聖經)는 권면이지만, 제2수부터는 「그리스도 집안의 족보(基督家譜) 마 一章 一 - 노 十九-」, 「마리아가 잉태하다(馬利亞懷孕) 마 一章 十八 - 노 二十五-」, 「마리아가 엘리사벳을 찾아가다(馬利亞往探엘니사벳) 눅 一章 三十九 - 노 四十五-」, 「마리아 찬가(馬利亞讚歌) 눅 一章 四十六 - 노 五十五-」처럼 신약성경의 주제와 해당 성경구절이 차례대로 적혀 있다.

심령이 가난한 자는 복이 있다[心貧者有福]

심령이 가난하면 복을 받는다니 무엇이 필요한가
온갖 잡념 다 비우고 하나도 걸릴 게 없어야 하네.

新約經題詞律

愛讀聖經

奧理誠難易覺知　快心所感靈歌發
日常聽覽莫違時　嘗味方深道話熙
無可與論塵世籍　自然祈禱從斯切
有誰敢逆聖神辭　天上人間不遠離

基督家譜 (마一章一ㅡㅛ十九ㅡ)

特爲猶人所寫書　星沙遺約無窮裏
先將世系卷頭舒　聖子今承信祖著

馬利亞懷孕 (마一章十八ㅡㅛ二十五ㅡ 누一章二十六ㅡㅛ三十八ㅡ)

貞童懷裏納神言　曾與先知深約事
從此將臨救世恩　時人猶在意昏々

馬利亞往探엘니사벳 (누一章三十九ㅡㅛ四十五ㅡ)

起向山中到一城　主令賤婢如斯寵
感靈人說事將成　萬世咸稱我福名

馬利亞讚歌 (누一章四十六ㅡㅛ五十五ㅡ)

萬口如今在我躬　吾神矜恤無量大
齊聲咸頌不能窮　遐邇相通賴主功

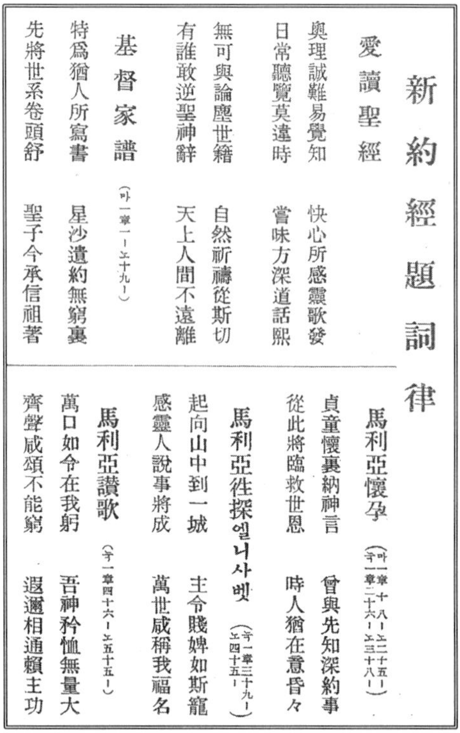

△ 마태복음 1장부터 시작되는 신약경제사율 1면

이로부터 하나님 사람이 겸비함을 지켜
영광을 누림이 세상 사람과 다르구나.
心貧此福有何需。萬念空虛一累無。
自是神人謙卑守, 享榮直與世間殊。

화목케 하는 자는 복이 있다[和睦者有福]

에덴동산에서 몸을 숨겨 피한 때부터
지금까지 멀리 떨어져 있었지.
하나님과 사람의 교제가 누구의 힘인지 아는가

화목함은 온전히 성자의 공로일세.

一自埃田隱避躬。至今盡在遠離中。

神人交濟知誰力, 和睦全由聖子功。

「산상수훈」(山上垂訓) 전체의 제목은 「주님이 팔복을 가르치시다」[主訓八福]이고, 그 뒤에 팔복을 하나씩 열거하였다. 위의 시는 마태복음 5장 3절(심령이 가난한 자는 복이 있나니 천국이 그들의 것임이요)을 나름대로 해석한 것인데, 심령이 가난한 자에게 주어지는 복을 받으려면 온갖 잡념을 다 비우라고 했다. '만념공허'(萬念空虛)는 그가 젊은 시절 5년간 의탁했던 불가(佛家)의 용어이기도 한데, 그렇게 하여 겸비함을 지킨 하나님의 사람은 세상 사람과 다른 영광을 누린다고 하였다.

아래의 시는 마태복음 5장 9절(화평하게 하는 자는 복이 있나니 그들이 하나님의 아들이라 일컬음을 받을 것임이요)을 해석한 것이다. 아담이 에덴동산에서 하나님이 금지한 선악과를 따 먹고 부끄러움을 알아 몸을 숨긴 뒤부터 사람이 하나님으로부터 멀리 떨어져 있었는데, 성자 예수가 자신을 화목제로 바쳐 희생함으로써 하나님과 사람의 관계가 회복되었음을 고백하였다.

신약경제사율에 실린 시는 대부분 제목과 본문이 밝혀져 있는데, 구약경제사율에는 제목 붙은 시가 많지 않다.

부부의 범죄와 훈계[夫妻犯誡]

좋은 열매와 채소가 모자라지도 않은데
뱀의 유혹에 즐겨 빠졌으니 이 무슨 법인가.

눈에 탐스런 것을 입어 넣어 생명을 상하고
무화과 잎을 치마로 삼아 벌거벗은 몸을 가렸네.
好果芳蔬不足無。甘從蛇誘是何模。
娛眸適口傷生命, 蕉葉爲裳掩裸軀。

소감(所感)

너의 조상과 선조들을 위해 칠년 동안이나
누가 굶주림과 죽음의 구렁에서 꺼내주었나.
하루 아침에 변하여 원수처럼 대하니
이스라엘 집집마다 피눈물 흘리네.
爾祖爾先七載間。由誰曾出餓亡關。
一朝變作仇讎待, 色列家家淚竹斑。

위의 시에는 성경 본문이 적혀 있지 않지만, 『창세기』 2장 16-17절 "여호와 하나님이 그 사람에게 명하여 이르시되, 동산 각종 나무의 열매는 네가 임의로 먹되 선악을 알게 하는 나무의 열매는 먹지 말라"는 구절로 시작된다. 3장 6절 "여자가 그 나무를 본즉 먹음직도 하고 보암직도 하고 지혜롭게 할 만큼 탐스럽기도 한 나무인지라 여자가 그 열매를 따먹고 자기와 함께 있는 남편에게도 주매 그도 먹은지라"라는 내용을 셋째 구절로 표현하고, 무화과 잎을 파초 잎(蕉葉)으로 의역하여 마무리하였다.

아래의 시는 성경 내용이 아니라 『출애굽기』를 읽은 느낌을 쓴 것이다. 이집트에 새 왕이 즉위하여 요셉을 모르므로 이스라엘 민족을 박해하자, 정준모 장로가 해설자의 입장에서 이집트 왕과 국민을

△ 동래온천 벽초관에서 열린 『경제사율』 출판기념회. 앞줄 왼쪽 흰 두루마기를 입고 앉은 분이
정준모 장로, 그 오른쪽에 앉은 분이 주기철 목사이다.

꾸짖으며 이스라엘 민족을 불쌍히 여겼다. 식민지 백성으로서의 동
병상련도 있었을 텐데, 순임금의 죽음 소식을 들은 아황과 여영이 피
눈물을 흘려 대나무가 얼룩졌다는 '소상반죽'(瀟湘斑竹) 고사를 원용
하여 이스라엘 민족의 아픈 마음을 표현하였다.

향촌 지식인들에게 한시가 생활화되던 시대

이 책에는 성경과 관계없는 한시, 즉 경제외사율도 68수가 실려
있다. 주로 일상생활에서 보고 느낀 것을 표현한 시인데, 정준모 장
로는 다양한 성격의 시사(詩社)에 참여하여 사원(社員), 즉 동인(同
人)들과 한시를 주고받았다. 『경제사율』은 편집을 마치고 2년이 지
난 뒤에 주기철 목사의 서문과 어을빈 2세 선교사의 추천사를 얻어

△ 정준모 장로가 1932년 12월에 경제사율 956수를 다 짓고 나서 8수를 써서 8폭 병풍으로 만들었다.

물금교회에서 출판되었는데, 정준모 장로는 1935년 3월 17일 동래 온천 벽초관에서 열린 출판기념회에 참석한 하객들에게도 한시를 지어 바쳤다.

졸작 경제사율의 출판을 축하해 주시는 여러분께

금정산 앞에 이 온첨샘이 있는데

자연의 온도가 누구를 의지해 온전하겠습니까.

귀한 말씀 해주시는 여러 현명하신 목사님들께서

졸작을 노래로 읊으며 빛내주십니다.

인간 세상에서 다시 모이기 어려우니

하늘에서 다시 만날 인연을 품어봅니다.

어을빈 선교사는 해외에 멀리 있으니

한자리에 빠짐이 참으로 한스럽습니다.

謹賀拙作經題詞律迓詠僉位先生座下
金井山前有此泉。自然溫度賴誰全。
道言珍重齊賢牧, 歌詠深濃暢拙篇。
好借人間難再席, 又懷天上更成緣。
魚君海外遙相在, 只恨周圍曠一筵。

게일선교사가 한국 교인들이 부르기 쉬운 민요 가락으로 찬송가를 편곡하고 호응하기 쉬운 판소리 가락이나 가사체로 성경을 번역하여『연경좌담』을 출판했지만, 한국 고전문학의 최고 경지는 한시라고 생각하였다. 강규찬 목사나 정준모 장로가 활동하던 1900년대 전반기에는 한시의 독자가 현대시 독자보다 더 많았기에 자신들의 신앙을 한시로 표현하였다.「동아일보」가 창간되던 1920년 4월 2일(2호)에 최병헌 목사의 한시「시사유감」(時事有感)이 실리더니, 4월 21일(時事有感), 6월 25일(少林寺餞春), 8월 19일(平楚亭夜酌)에도 그의 한시가 계속 실렸다. 기독교인들의 한시가 모두 기독교 신앙을 표현한 것은 아니지만, 여러 신문, 잡지에 기독교의 편린들이 게재되었던 것은 사실이다.

15장
몽유록 형식을 빌려 유불선 신자들에게
전도한 소설 『성산명경』

이벽을 예언자로 만든 『니벽선싱몽회록』

고전문학에 몽유록(夢遊錄)이라는 형식의 고소설이 10여 종 전해진다. 주인공이 우연히 이계(異界)로 들어가서 여러 가지 체험을 한 끝에 현실로 돌아오는 구성인데, 이계에서의 체험이 소설의 줄거리이다. 이계는 비일상적인 몽유(夢遊)의 시공인데, 이계 체험을 처음부터 분명한 꿈으로 설정한 소설도 있고, 당초에는 꿈인지 생시인지 분간 못하다가 이계 체험이 끝남과 동시에 꿈을 깨는 것으로 형상화한 소설도 있다. 그러나 사대부들이 몽유라는 허구의 형식을 통해서 사회와의 갈등을 극복하고 자신의 이념을 합리화하려는 시도는 대부분의 몽유록에서 공통적으로 나타난다.

몽유록은 매월당 김시습의 『금오신화』에 실린 단편소설 5편에서 시작되는데,「남염부주지」(南炎浮洲志)는 바닷속의 한 섬인 남염부주(지옥)라는 이계 체험을 다루었고,「용궁부연록」(龍宮赴宴錄)은 용궁에의 몽유를 다루었다. 이후에 지어진「원생몽유록」(元生夢遊錄)은 주인공 원자허(元子虛)가 꿈속에서 수양대군에게 왕위를 찬탈당한 단종과 사육신을 만나 고금의 흥망사를 의논하며 시를 주고받다가 비바람이 치고 천둥이 울려 꿈에서 깨어나는 이야기이다. 이후에 지어진「대관재기몽」(大觀齋記夢)·「금화사몽유록」(金華寺夢遊錄)·「달천몽유록」(達川夢遊錄)·「수성궁몽유록」(壽聖宮夢遊錄) 등이 모두 불우한 주인공이 꿈속에 이계로 들어가 예전 인물들을 만나 그들의 불평이나 애환을 들어주는 형식의 소설들이다.

우리 문학사에서 첫 번째 기독교 소설은『니벽선ᄉᆞᆼ몽회록』인데, 이 작품의 말미에 "뎡유뎡아오스딩셔우등셔졍이라"라고 쓰여 있다. '뎡아오스딩'은 정약종의 세례명이므로 정약종이 정유년(1777)에 지었다는 뜻이다.

이 소설은 이벽과 정학술(丁學述)의 대화로 전개되는데, 갑자기 천지가 혼미해진 가운데 한바탕 상서로운 기운이 비치더니 홀연 괴암 상에 신선 같은 풍채를 지닌 한 선비(이벽)가 나타나 학술에게 대화를 건넨다. 천상선인(天上仙人) 이벽이 지상세계에 하강하여 학술에게 우주창조의 원리, 낙원추방과 예수의 구원, 유불도(儒佛道)의 허망함, 조상제사와 우상숭배, 신유옥사와 진리의 승리, 하느님의 최후심판 등을 이야기하더니,『천주밀험기』(天主密驗記)를 전하고 다시 승천하였다.

이 소설은 몽유록의 형태인데, 이벽이 죽은 지 60년 뒤(1846년 6월 14일의 꿈)에 다시 현세에 나타난다. 박해에도 신앙을 지킬 것을 당부하는 주인공으로 형상화된 것이다. 『천주밀험기』는 천당지옥기·영득경신기·험세문득기·내세예언기가 있는데, 이 가운데 내세예언기는 천주심판의 기록으로 누구나 알고 있어야 한다고 강조하였다. 이 기록에서 신유사옥·기해사옥 등 50여 년간 일어날 사건들을 예언하였다.

『니벽션싱몽회록』은 초기 서학의 대표적 인물을 주인공으로 삼고, 천주교박해사건을 예언하는 것을 보여줌으로써 믿음을 강조한 종교소설이다. 필사자와 몽중설화자가 실제인물이라는 점, 유불도를 부정하고 새로운 서학사상을 설득한다는 점, 『천주밀험기』라는 예언서를 통하여 천주의 재림을 예언하되, 이벽이 민중들에게 익숙한 신선의 모습으로 환생해 예언한다는 점에서 문학적 설득력이 있다.

천주교에서는 전래 초기에 이미 『셩녀 아가다』·『셩녀 위도리아』·『셩녀 간지다』 등의 서양 성인전(聖人傳)이 한글로 번역되어 읽혀졌는데, 『춘향전』·『심청전』처럼 한 인물의 일대기를 다루는 우리 고소설의 관습에 따라 『니벽션싱몽회록』 표지에는 『니벽전』이라 쓰여 있다. 천주교인을 주인공으로 한 보기 드문 고소설이지만, 소설 속의 내용들을 검토해보면 정유년은 1777년이 될 수 없다. 1846년 6월 14일에 꿈 꾼 내용을 기록했다고 했으니, 그 이후인 1897년으로 볼 수도 있다. 정학술도 정약용 조카 항렬의 돌림자 학(學)자가 이름에 들어가기는 했지만, 허구의 인물이다. 그렇다면 정약종이 지었다는 서술도 가탁(假託)이니, 몽유록 소설에서 흔히 보는 구성이다.

「조선크리스도인 회보」의 단형서사 작가로 활동한 최병헌 목사

예전에는 한국의 근대소설이 신소설에서 시작되었다고 가르쳤지만, 최근에는 신소설 이전에도 다양한 이야기 양식들이 있었다는 사실들이 밝혀졌다. 김영민 교수의 『한국근대소설사』에 의하면 '서사적 논설'·'논설적 서사'·'신소설' 등의 다양한 서사양식들이 신문에 발표되면서 근대소설로 정착되었다고 한다.

대한제국 시기의 기독교 선교는 문서선교가 큰 비중을 차지했는데, 1897년 2월 2일에 창간되어 한글로 편집 간행된 「조선크리스도인 회보」에도 역시 짤막한 이야기 형식의 단형서사가 많이 실렸다. 아펜젤러 선교사가 주간으로 발행했는데, 같은 해 12월 8일에 간행된 제1권 제45호부터 제호가 「대한크리스도인 회보」로 바뀐 이유는 10월 12일에 대한제국이 선포되었기 때문이다.

창간호의 논설에서 신문 발행의 목적을 "조선에 있는 교회에서 긴요한 사적과 특이한 소문을 각인에게 전한다는 말이라 …우리 회보를 보시면 세계상에 유익한 소문과 각국에 재미있는 사적을 자연히 통달할 것"이라고 설명하였는데, 긴요한 사적과 특이한 소문을 전달하기 위해 '서사적 논설'·'논설적 서사' 등의 단형서사가 활용되었다. 서양에서 들어와 낯선 종교의 가르침을 대중에게 자연스럽게 전달하기에는 우리의 전통적인 이야기 방식이 유용했던 것이다.

이 시기의 신문이나 잡지에 실린 서사양식들은 논설과 서사가 미분화된 모습이어서, 현대 독자들의 눈에는 소설로 보이지 않는다. 조남현 교수는 이 시기의 논설을 '집', 소설을 '방'에 비유하여, 논설 속

△ 「조선(대한)크리스도인 회보」 간행 목적을 밝힌
창간호 논설

에 소설(서사)가 들어간 것이라고 설명하였다. 함태영 선생은 「조선(대한)크리스도인 회보」에 모두 57개의 단형서사가 존재하는데, 내용적으로 기독교 선교에 대한 것과 개화 계몽에 대한 것 등 크게 둘로 나눌 수 있다[1]고 하였다.

기독교나 개화사상을 효과적으로 전달하기 위해 전통적 이야기 양식인 동물우화·몽유록·대화·문답체·인물전기 등이 등장하는데, 기독교 관련 34개, 개화 계몽이 23개이다.[2]

『춘향전』이나 『심청전』·『흥부전』 같은 고소설에는 대부분 작가의 이름이 밝혀져 있지 않은데, 신문이나 잡지에 실린 근대소설에는 작가의 이름이 밝혀져 있다. 이 신문에 일부 작가가 자신의 이름을 밝히고 단형서사를 게재했는데, 김창식(1)·정문국(1)·최병헌(5)·로병션(3)·됴명운(1)·최지호(1)·최지학(1) 등의 작가가 확인된다.[3] 이들이 편집에 참여했기 때문에 사설을 많이 썼던 것이다.

이들이 쓴 단형서사의 첫 부분은 고소설의 첫 부분과 비슷하게

---

1 함태영, "「조선(대한)크리스도인 회보」 단형서사 연구", 「현대문학의 연구」 23호, 2004, 133-135.
2 같은 글, 135-136.
3 같은 글, 137.

시작된다.

> 이전에 어떤 덕행 있는 처사 한 분이 산중에서 살더니, 한 소년이
> 그 처사의 높은 이름을 듣고 제자가 되고저 하여 찾아간즉(「불가불
> 조심홀 일」, 1900. 5. 2)
> 소라의 한 아들이 있으니 이름은 요나단이라, 사람됨이 충효와 신
> 의와 지용을 겸전한 고로(「친형제 되는 법」, 1900. 7. 25)[4]

『춘향전』이나 『심청전』·『홍부전』 같은 고소설들은 대부분 한 인물의 일대기 형식이어서 첫 부분에서 시간과 공간, 인물이 제시되는데, 단형서사는 분량이 짧은데도 그러한 구성을 그대로 따르고 있다. 조선의 현실을 전하는 다른 신문 잡지의 단형서사와 달리 「조선(대한)크리스도인 회보」는 기독교의 이야기를 전하기 때문에 독자들에게는 옛이야기에 더 가깝다.

이 작가들이 단형서사를 통해 전달하려 한 주제는 회개하고 믿을 것, 열심히 기도할 것, 우상을 숭배하지 말 것, 안식일을 지킬 것과 효행심에 대한 강조, 부모와 선생의 가르침에 순종할 것, 교만하지 말고 열심히 공부할 것, 인내심을 기를 것, 착한 사람이 될 것, 정직할 것 등등이다.[5]

---

4 같은 글, 146 재인용.
5 같은 글, 152-153.

종로에서 기독교 서적을 팔다

최병헌 목사는 1858년 충청북도 제천군 현좌면 신월리에서 몰락한 양반의 아들로 태어났다. 서당에 수업료를 내지 못해 동냥공부를 했다는데, 최 목사 자신이 기록한 「자력일부」(自歷一部)에 의하면 보은에 사는 먼 친척 최직래의 양자로 입적해 공부하다가 남대문 안에 있는 회현방 상동에 집을 사서 서울로 이사하였다. 이듬해 임오군란이 일어나자 다시 보은으로 낙향하였다가, 채권자와 보은군수의 농간으로 감옥에 갇혀 있으며 사회를 개혁해야겠다고 생각하였다. 서울에 살며 친구에게 『영환지략』(瀛環志略)을 얻어 읽었기에 새로운 세상을 알게 되었던 것이다.

이미 두 차례나 과거시험에 낙방했던 최병헌 목사는 1888년에 다시 서울로 올라와 응시했지만 또 다시 낙방하자, 결국 과거시험을 포기하였다. 이 무렵에 서울에 들어온 존스 선교사의 한국어 교사로 취직하게 된 것이 최병헌 목사에게는 인생의 전환이었다. 존스 선교사에게 조선어를 가르치며 한문 성서를 함께 읽고 토론했지만 기독교를 받아들이지는 않았는데, 아펜젤러 선교사는 최병헌 목사의 한문 실력을 인정하여 이듬해에 배재학당 한문 교사로 채용하였다.

최병헌 목사는 선교사들의 설교를 통해서 기독교를 받아들였다기보다는 성경을 읽으면서 자신의 유학적 사고방식으로 이해하고 해석하면서 받아들였다. 그랬기에 목사가 된 뒤에도 양반이나 유학자들에게 기독교를 전파하기가 쉬웠다. 성경을 읽기 시작한지 5년 만에 존스 목사에게서 세례(洗禮)를 받았는데, 탁사(濯斯)라는 그의 호와 연관시켜 말하자면 탁신(濯身)을 한 셈이다.

탁사(濯斯)라는 호는 초나라 시인 굴원(屈原)의「어부사」(漁父辭)에서 나왔다. 굴원이 간신에게 모함당해 쫓겨나 강가를 거닐자 어부가 다가와 사연을 물었다. "온 세상이 혼탁한데 나 혼자 깨끗하고, 모든 사람이 다 취해있는데 나만이 깨어 있으니, 이런 까닭에 쫓겨나게 되었소"(擧世皆濁, 我獨淸, 衆人皆醉, 我獨醒, 是以見放)라고 대답하자 어부가 빙그레 웃으면서 타일렀다. "창랑의 물이 맑으면 내 갓끈을 씻으면 되고, 창랑의 물이 흐리면 내 발을 씻으면 되는 것을!"(滄浪之水淸兮, 可以濯吾纓. 滄浪之水濁兮, 可以濯吾足)

최병헌 목사는「탁사음」(濯斯吟)이라는 시를 지어 자호의 뜻을 되새겼다. '갓끈도 씻고, 발도 씻으니'(我纓我足濯於斯), '사람의 괴로움과 즐거움이 모두 이에서 말미암네'(與人苦樂總由斯) 유학자 최병헌은 자신의 모든 삶을 깨끗하게 씻어내며 고고하게 세상을 살았는데, 존스 선교사에게 세례를 받으면서 갓끈이나 발만 씻은 것이 아니

△ 협성신학교 옆에 있던 탁사정(왼쪽) _ 국민일보 사진

라 영혼을 씻어내고 새사람이 되었다. 1893년에 세례를 받고, 9월 4일에 권사자격증을 받았다.

종로에는 고급 비단을 파는 주단전(綢緞廛), 보통 비단을 팔던 면주전(綿紬廛), 무명을 팔던 백목전(白木廛), 모시와 삼베를 팔던 저포전(苧布廛), 종이를 팔던 지전(紙廛), 어류를 팔던 어물전(魚物廛) 등의 육의전(六矣廛)이 펼쳐져 있어서 언제나 사람들이 많이 지나다녔다. 아펜젤러 선교사가 1890년에 기독교 서적을 판매하는 서점을 열기 위해 9,990냥 9전 9푼을 주고 종로통 남쪽 거리에 큰 집을 사들였는데, 이조(吏曹) 아전 오상연이 살던 집이었다. 최병헌 목사가 1894

년 4월에 이 집에 이사하여 대동서시(大東書市)라는 서점을 경영하다가, 주거지는 향정동(香井洞, 지금의 인사동 중앙교회)으로 옮겨 살았다. 조선예수교서회가 종로에 건물을 마련하면서 "대동서시 윗집을 샀다"(「예수교서회보」, 1905. 6)고 밝혔으니, 지금의 기독교서회빌딩 '아랫집'이 대동서시 자리였던 셈이다.6

△ 1906년 출판된 『신찬소물리학』. 판권에 대동서시 주소가 종각 남쪽 지전 동쪽 첫째 방이라고 밝혀져 있다.

대동서시는 책을 팔기만 하는 곳이 아니라 독자들이 책을

6 이덕주, 『종로 선교 이야기』, 도서출판 진흥, 2005, 22-26.

읽기도 했던 공간인데, 최병헌 목사는 1898년에 정동으로 이사할 때까지 이곳을 중심으로 활동하였다. 배재학당의 서재필이 독립협회를 조직하자 최병헌 목사도 회원으로 가입하여 활동하였는데, 잠시 농상공부 주사(主事)로 재직하던 1896년 10월 31일 「독립신문」 제90호에 「독립가」를 발표하였다.

천지만물 창조후에 / 오주구역 천정이라
아세아주 동양중에 / 대조선국 분명하다

이 노래는 오대주 가운데 아세아주 대조선국(1절), 단군 신라 고려의 연호(2절), 조선과 대한제국의 건국(3절) 등의 순서로 사천년 조선 역사를 소개하고는 3절 후렴에서 『시경』에 나오는 '주수구방(周雖舊邦) 기명유신(其命維新)'을 끌어다가 "조선 역시 구방이라 / 기명유신 차시로다" 하고 유학자답게 마무리하였다. 이 독립가는 당시 「독립신문」을 비롯한 여러 신문에 발표된 독립가나 애국가들과 크게 다를 바 없었으나, 1절이 "천지만물 창조후에 오주구역 천정이라"라고 시작한다는 점에서 기독교의 편린을 찾아볼 수 있다.

△ 「독립신문」에 실린 최병헌 목사의 「독립가」

최병헌 목사가 구운몽을 즐겨 읽다가 쓴 연재소설 『성산유람긔』

최병헌 목사는 「조선크리스도인 회보」가 1900년에 폐간되자 그해 12월 존스 선교사와 함께 「신학월보」를 창간하여 다양한 형태의 글을 발표하였다. 그가 1901년에 발표한 「죄도리」는 한국 최초의 신학논문으로 평가되는데, 주인과 나그네의 대화 형식이다. 일곱 가지 문답이 끝나자 나그네가 설복되어 신앙을 고백한다.

'내가 이제는 죄의 근본 내력과 죄를 지으면 어떻게 되는 것과 구세주를 믿으면 죄를 어떻게 속하고 구원함 얻는 것을 알겠노라' 하고 흔연히 물러가니라.

「죄도리」는 신학논문이지만, 이 또한 이야기 형식의 서사적 논설 형태를 유지하고 있다.

아펜젤러 선교사가 1902년에 갑작스레 세상을 떠나자 1903년 선교연례회에서 최병헌 목사를 그 후임으로 결정하였다. 그가 정동교회에서 11년 동안 목회하며 성공한 점이라면 사대부 지식인층을 신자로 끌어들여 교회를 부흥시킨 점과 다양한 문서선교로 신자의 저변을 확장시킨 점이라고 할 수 있다. 그의 저술 가운데 가장 많은 독자를 끌어들였던 글은 1907년부터 「신학월보」에 연재하였던 「성산유람긔」이다.

이 글은 소설이지만, 머리말 대신에 칠언절구 한시로 시작한다. "道成天地敷神功 도로 이룬 천지에 신의 공을 폈으니"라는 첫 구절은 본문에서 "화설이라. 조화의 주재가 천지 만물을 창조하신 후에 세계가 생겼으며 세계 중에 육대부주가 있으니"라고 풀이되었는데, 이는 이 소설의 공간인 성산(聖山)을 소개하기 위한 장치이다. 오대양 육대주에 풍속이 다른 나라가 많음을 설명한 뒤에 소설이 시작된다.

"재설. 아시아 동방에 일좌 명산이 있으니 산세가 분명하고 토지가 기름져 초목이 무성한데 그 산중에 유벽한 동학(洞壑)이 있고, 동학 가운데 절묘한 층대가 있으니 경개가 절승하여 예로부터 도학에 배부르고 물외에 소요하는 군자들이 산수에 낙을 취하여 왕왕히 그 산중에 왕래하는 고로 산 이름을 성산(聖山)이라 하고 대 이름을 영대(靈臺)라 부르니… 고시에 이른바 '별유천지비인간이요 월만공산 수만담이라' 강남사람 진도라 하는 선비 성산의 경치를 흠모하여 영대를 찾아갈새, 이 사람은 근본 유가의 높은 제자로 공맹을 존숭하며 문장이 이두(李杜)를 압두하여 사서오경과 제자백가서를 무불통지하며 필법이 또한 절등하여 왕우군의 필체와 류공권의 서법을 왕왕히 논단하니…"

대부분의 고소설과 마찬가지로 첫머리에 시간과 공간이 펼쳐지며 이 소설 특유의 유·불·도(儒佛道) 세 조연들이 등장한다. 이는 그가 즐겨 읽었던 『구운몽』의 첫 단락과 비슷하다.

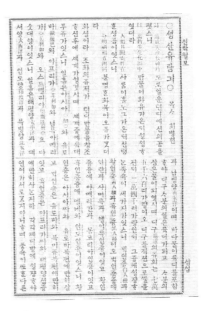

△ 「성산유람기」 제1회

천하의 명산 다섯이 있으니 동에 태산, 서에 화산… 진나라 때에 위부인이 도를 얻고 상제의 명을 받아 선동(仙童) 옥녀(玉女)를 거느리고 이 산에 와 지키니 이른바 남악 위부인이라… 당나라 시절에 일위 노승이 서역 천축국으로부터 형산 연화봉을 사랑하여 그 제자 오류백 명을 거느리고 큰 법당을 짓고 상예『금강경』일권을 외우니… 육관대사라고 하더라.

『구운몽』제1회에는 선녀 위부인(도교)과 육관대사(불교)만 나타나지만, 제2회에는 육관대사의 상좌 성진(性眞)이 속세에 하강하여 양소유(楊小游)로 환생하는데 그는 유교의 인물이다. 양소유는 14-5세에 문장은 이두(李杜) 같고 필법은 왕희지 같다고 하였으니, 「성산유람기」에서 유학자 진도(眞道)의 '문장이 이두(李杜)를 압두하며 필법이 또한 절등하여 왕우군의 필체를 논단'하는 모습이 바로 양소유의 재주 그대로이다. 「성산유람기」에는 불교인와 도교인 외에 신천옹(信天翁), 즉 하나님을 믿는 기독교인이 더 등장할 뿐이다.

네 사람이 만나서 토론하다가 날이 저물자, 신천옹이 내일 다시 만나서 토론하기를 청하였다.

"명일 다시 이곳에 모여 경개(景槪)도 구경하고 청담(淸談)으로 토론하여 소제(小弟) 같은 우매한 소견을 밝히 가르쳐 주심이 어떠하니잇가… 아지 못게라 이 네 사람이 흥회를 어떻게 토론한고. 하회(下回)를 보라."

「성산유람기」는 국한문혼용체이지만 한자를 거의 쓰지 않았는데, '하회'(下回)에는 한자를 덧붙여 썼다. 당시 유행하던 장회체소설(章回體小說)의 말투를 그대로 빌려다 쓰면서, 독자들을 궁금케 하여

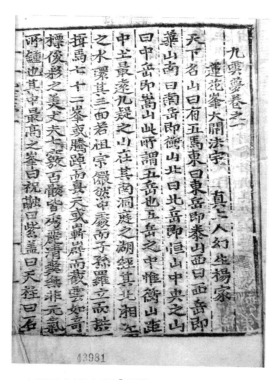

△ 최병헌 목사가 즐겨 읽던『구운몽』
_ 연세대학교 학술정보원 탁사문고

다음 호를 꼭 구입해 보도록 유도한 것이다.

많은 독자들에게 읽히려고 단행본으로 출판하다

「성산유람기」는 2박3일의 꿈 이야기를 6회에 걸쳐 연재한 소설
이다. 하루가 시작할 때마다 칠언절구 한 수씩 지어서 그날의 주제를
암시하였다. 작가가 꿈에서 깨어나는 부분은 이렇게 표현하였다.

한번은 추풍이 소슬하고 성월(星月)이 교결(皎潔)한데 낙엽이 분분하거늘 청등(靑燈) 서옥(書屋)에 책상을 의지하여 신약성경을 잠심완삭(潛心玩索)하더니 홀연히 심혼(心魂)이 표탕하여 한 곳에 이르매 그 산 이름은 성산이고 그 층대 이름은 영대(靈臺)라. 그곳에서 네 사람을 만나니 수작함을 듣고 기뻐하다가 오경천(五更天) 찬 바람에 황계성(黃鷄聲)이 악악(喔喔)하거늘 놀라 일어나니 일장몽조(一場夢兆)가 가장 이상한지라.

연재소설을 왜 단행본으로 출판했을까? 「성산유람기」를 연재했던 「신학월보」는 신학 전문잡지이기 때문에 독자가 적었다. 작가는 자신의 작품이 보다 많은 독자들에게 읽혀지기를 바란다. 그런데 많은 독자들에게 읽혀지기를 바라는 이유는 제각각이다. 자신의 생각을 많은 독자들에게 알리고 싶은 작가도 있고, 돈을 많이 벌기 위해 소설을 쓴 작가도 있다. 조선시대 소설에는 저작권도 없고, 원고료도 없었다. 독서시장이 제대로 형성되어 있지 않아서, 소설을 썼다고 해도 원고료를 받거나 인세를 받는 일이 없었다. 그랬기에 백년에 한 명씩 나타났던 『금오신화』나 『홍길동전』·『구운몽』·연암소설 같은 일부 천재 작가들의 작품 말고는 『춘향전』·『심청전』 등 대부분의 소설 작가의 이름이 알려져 있지 않다.

19세기에 들어와서야 소설을 써서 돈을 벌겠다는 생각을 하기 시작했다. 서울 곳곳에 돈을 받고 소설책을 빌려주는 세책방(貰冊房)이 생겨났으며, 같은 제목의 소설 줄거리가 길 건너 세책방마다 달라져서, 한권짜리 『홍길동전』이 사직동 세책방에서는 세 권으로 늘어나기도 했다. 최병헌 목사가 「신학월보」에 「성산유람기」를 연재하면서 원고료를 얼마나 받았는지는 알 수 없지만, 돈을 벌기 위해서 소설을 쓰거나 단행본으로 출판한 것은 아니다. 이 소설에는 머리말이 없었는데, 최병헌 목사는 연재 6회 마지막 부분에서 창작 동기를 이렇게 밝혔다.

> 이 책은 삼한고국의 창사자(滄槎子)라 하는 사람이 기술한 글이니, 창사자 일찍이 구세주를 믿음으로 항상 성경을 공부하며 평생에 일편성심으로 원하기를 어찌하면 성신의 능력을 얻어 유도와 선도와 불도 중 고명한 선비들에게 전도하여 믿는 무리를 많이 얻을꼬 생각하더니 …

이 소설의 구상은 최병헌 목사가 1900년 3월 「대한크리스도인회보」에 발표한 「삼인문답」에서 시작된 것으로 보인다. 전도인이 북촌 양반집에서 양반들을 만나 전도하다가 "우리나라의 우리 유교도 도저히 행치 못하거니와 하물며 타국교를 어느 겨를에 행하리오?"라며 거부당하자 "유불선 삼도가 모두 타국에서 왔거늘 어찌 우리나라 교라 하느뇨?"라고 반박하면서 기독교도 유불선과 마찬가지로 아시아에서 발원한 종교라고 설득하였다. 북촌의 「삼인문답」이 「성산유람기」 연재를 거쳐 네 차례나 단행본으로 출판될 정도로 최병헌 목사는 유교·불교·도교가 선점한 조선의 민중들에게 기독교를 자연스럽게 알리기 위해 고심하였다. 이 소설의 본격적인 머리말은 1922년 증정판에 와서야 처음 보인다.

우리 조선사회의 정도를 살펴보건대 아직도 유치한 점이 많이 있어… 잡지나 소설로 말씀할지라도 종교가에서 발간하는 잡지는 몇 부가 되지 못하고, 소설가에서 짓는 것은 오직 홍도화(紅桃花)나 공산명월(空山明月) 같은 것이 많아 남녀 간에 애원한 정회나 가련한 처지에서 기이한 경우들을 말씀하고, 실상은 국계민생(國計民生)이나 후진청년(後進靑年)들에게 유익을 줄만한 잡지가 적으며… 이제 『성산명경』을 다시 증정(增訂)하는 것은 반도강산에 형제자매들로 하여금 만분지일이라도 유익이 될까 함이오니, 이 책을 사람마다 사서 보시고 집집마다 구원 얻으시기를 바라나이다. 아멘.

잡지 독자는 한정되어 있어서 단행본으로 출판했고, 대부분의 소설들이 인간적인 사랑 이야기에 지나지 않았으므로 집집마다 구원받

△1909년 정동황화서재에서 발행한 『성산명경』 표지

을 이야기를 썼다고 하였다. 1909년 정동황화서재에서 발행한 「성산명경」의 표지는 당시에 유행하던 신소설이나 고대소설(딱지본) 표지처럼 울긋불긋한 그림으로 되어 있다. 성산(聖山)에서 학을 타고 구름 속으로 날아가는 백운(白雲, 도사), 장삼에 삿갓 차림인 원각(圓覺, 스님), 도포 차림의 진도(眞道, 유학자), 성경 짐을 지고 가는 신천옹(信天

翁, 기독교인)이 그려진 이 표지는 1911년 동양서원에서 발행한 책에서도 거의 그대로 베껴져 있다. 독자들은 당시에 유행하던 고대소설이나 신소설을 사보는 마음으로『성산명경』을 사서 읽었을 것이다.

1909년의 발행소로 기재된 정동황화서재(貞洞皇華書齋)에서 다른 책이 더 이상 간행되지 않은 것을 보면 최병헌의 서재 이름인 듯하다. 이 책이 표지와 조판을 조금 달리하여 1911년 8월 동양서원에서 출판되었다는 사실은 그만큼 많은 독자가 있었다는 사실을 짐작케 한다. 저자의 주소는 정동예배당이고, 발행소는 승동예배당 앞 동양서원이니, 기독교 출판시장이 넓어졌음도 알 수 있다. 1912년에 조선예수교서회에서 출판하고, 1922년에는 저자가 수정 보완하여 동양서원에서 다시 증정본(增訂本)을 냈으니, 독자들로부터 끊임없이 출판을 요구받았음이 분명하다.

유동식 교수는 "당시 선교사들의 개인 구원관과 관점이 달랐던 그는 복음이 우리에게 주어진 축복이자 민족적 상황의 소산으로 봤다"고 말하였다. 초기 기독교인들은 천사를 선녀로, 선지자를 하늘을 날아다니는 신선으로 인식했다. 그랬기에『천로역정』삽화에서도 천사를 선녀로 그렸고, 『니벽선싱몽회록』에선 천주교인 이벽이 신선이 되어 나타났다. 유교와 도교 공부를 했던 길선주 목사를 기독교로 개종케 했던 책이 바로『천로역정』번역본인데, 그도 1916년에 소설『만사성츄』(만사성취)를 출판하면서 한국풍의 삽화를 그리게 하였다. 영생국 모습을 예로 들면 성현군자와 천사들이 금면류관을 쓰고 거문고를 타며 성가를 부르니 참으로 영생세계요 극락강산이라고 하였다. 독자들이 익숙한 유교·불교·도교를 통해서 기독교를 전달하려고 시도했던 것이다.

△ 길선주 목사의 『만사성취』 영생국 삽화

16장
하나님의 뜻이 이 땅에 이뤄지기를
빌던 기도문

신화시대부터 이어져 내려온 국가 차원의 기도

우리 고전문학에서 첫 번째 기도는 단군신화에 보인다. "그 때 곰한 마리와 범 한 마리가 같은 굴에 살았는데, 늘 신웅(神雄)에게 빌면서, 변화하여 사람이 되기를 원하였다." 우리 문학과 역사에 기록된 첫 번째 기도는 "변화하여 사람이 되게 해달라"는 내용이었던 것이다. 곰이사람이 되자 다시 기도하였다. "곰네(熊女)는 자기와 혼인할 사람이 없었으므로, 늘 신단수 아래에서 '아이를 배게 해주십사'하고 빌었다. 환웅이 잠깐 변하여 결혼하고 아들을 배어 낳으니, 이름을 단군왕검이라고 하였다." 곰네의 기도는 곧바로 응답을 받았는데, "처녀가 잉태하여 아들을 낳을 것이요 그의 이름은 임마누엘이라 하리라" 하였던 이사야의 예언이 이루어져 신약에 기록된 것과 같은 구조이다.

일연은 곰과 범이 신웅(神雄), 즉 그들이 신이라고 생각했던 환웅 (桓雄)에게 기도했다고 기록했지만, 환웅이 누군지는 그 이상의 설 명이 없다. 단군의 다음 세대들은 신이 하늘에 있다고 생각하여, 일 년 농사가 끝나면 하늘에 감사하는 제사를 지냈다. 부여에서는 영고 (迎鼓)라 하고, 고구려에서는 동맹(東盟)이라 했으며, 예(濊)에서는 무천(舞天)이라 했지만, 하늘에 제사한 것은 마찬가지였다. 마한에 서는 천신(天神)에게 지내는 제사를 주관하는 사람을 천군(天君)이 라고 했으니, 부족의 기도를 하늘에 대신 전하는 제사장까지 세웠던 셈이다. 고구려 시조 왕이 천제(天帝)의 아들 손자라는 신화는 부족 이 아니라 국가 차원에서 하늘에 기도하였음을 알게 해준다.

금와왕의 아들들이 주몽을 죽이려 하자 주몽이 세 친구와 남쪽으 로 달아났는데, 엄수(淹水)가 가로막히자 물에게 이렇게 기도했다. "나는 천제의 아들이고 하백의 손자입니다. 오늘 도망하는 중인데 쫓 아오는 자들이 거의 따라잡게 되었으니, 어찌하면 좋겠습니까?" 그 러자 물고기와 자라들이 다리를 이루어 건너가게 한 뒤에 다리가 풀 어졌다. 물의 신이 바로 외할아버지 하백(河伯)이었으므로 그의 기 도가 응답받았던 것이다.

조선왕조가 건국되자 역대 문학작품을 국가 차원에서 정비하여 『동문선』(東文選)을 편찬했는데, 다양한 형태의 기도문이 많이 실려 있다. 가장 숫자가 많은 기도문은 제문(祭文)인데, 권109에 실린 첫 번째 제문은 신라 최치원이 지은 「제오방문」(祭五方文), 즉 오방의 신에게 제사하며 바치는 기도문이다.

모년 모월 모일 아무 벼슬 아무개는 삼가 청작(淸酌)과 서수(庶羞),

후폐(厚幣)의 전(奠)으로써 감히 오방신(五方神)의 영(靈)에게 고합니다. … 신령(神靈)께서는 금(金)·목(木)·수(水)·화(火)를 조화시키고, 풍(風)·우(雨)·상(霜)·설(雪)을 역사시켜서 춘·하·추·동으로 하여금 길이 재앙의 기운을 없게 하고, 동·서·남·북으로 하여금 분침(氛祲)의 근원을 고요히 제거해 주소서. 희생과 폐백을 갖추고 서수(庶羞)를 깨끗이 장만하여 정성을 드림은 중유(中霤)에 훼손되지 않게 하고 은혜를 베풂은 큰 변방에 가득하게 해주소서. 풍년이 들기를 기다려 기도를 드리나이다. 상향(尙饗).

권110에는 신에게 비는 축(祝)이 실렸는데, 고려 김극기가 지은 「후토축」(后土祝)은 토지신에게 비는 기도문이다.

정기(精氣)가 하늘에 오르니 육성(六星)을 운행하여 조짐을 드러내 보이고, 땅에서 제사를 받으니 오방(五方)의 토지에 각기 맡은 신(神)을 배치하였습니다. 이제 좋은 때를 가려서 감히 간략한 제전을 드리며, 보이지 않는 곳에서 굽어 붙들어 주시는 힘을 바라오니, 풍년이 드는 것을 보게 하소서.

축(祝)은 인간이 신에게 비는 행위이니, 목사가 하나님께 '복을 비는 기도', 즉 축도(祝禱)를 하는 것은 옳지만, 하나님께 '축복해 달라'고 비는 것은 옳지 않다. 하나님은 제3의 누군가에게 복을 비는(축복하는) 존재가 아니라 복의 근원으로서 복을 내려주는, 즉 강복(降福)하는 주체이기 때문이다.

왕에게 올리는 글을 소(疏)라고 하였는데, 부처에게 올리는 기도문도 소(疏)라고 하였다. 고려말기의 문신 이첨(李詹)이 왕의 생일을 맞아 「탄일소」(誕日疏)를 지었다.

부처님의 지혜는 연못처럼 맑으므로 방편으로 만물에 응하여 주시
며, 임금님의 은덕은 산처럼 높으므로 지성으로 복을 빕니다. … 신
은 용렬하고 고루한 바탕으로 성명(聖明)을 만나서, 국가를 열고
사직을 정할 때에 아무것도 한 일이 없이 훈장을 책정하여 공을 주
는 은총을 입었으니, 어찌 감당하리이까. … 이제 탄일을 맞이하여
성심껏 기도하는 마음이 더욱 간절하기에 절에 나아가서 삼가 훌륭
한 법식을 차립니다. 향은 신묘한 공양을 훈훈하게 하고 법은 참된
종지를 연설하오니, 장만한 것은 빈약하오나 부처님께서 곧 감통
하여 주서서, 복이 냇물처럼 이르러 길이 아름다운 복을 누리고, 수
명은 하늘과 더불어 가지런하여 더욱 창성하여지이다.

먼저 기도 받는 신의 권능을 찬양한 다음, 자신의 무능함에도 불
구하고 은총 입었음을 감사하고, 준비한 제물을 바친 다음, 왕의 복
을 빌었다. 기도문의 전형을 그대로 따른 것이다. 권114의 재사(齋
詞), 권115의 청사(靑詞)는 도교의 기도문이며, 일반적으로 많이 지
은 제문(祭文)은 조상신에게 바치는 기도문이다. 조선시대에도 종묘
사직에 제사지낼 뿐만 아니라 비가 오지 않으면 기우제, 눈이 오지
않으면 기설제(祈雪祭), 비가 너무 많이 오면 기청제(祈晴祭)를 지냈
는데, 그때마다 하늘에 기도드렸다. 제물을 바치고 음악을 연주하고
경우에 따라서는 춤을 춘 다음 기도문을 읽었는데, 하나님의 마음을
움직여서 비가 오게 하려고 정성껏 지었으므로, 많은 작가들이 기도
문을 문집에 실었다.

△ 원효가 시정에서 거문고를 뜯으며 나무아미타불 기도를 가르치는 모습. 김임중/허경진 역, 『화엄연기』 (민속원, 2018)

그러나 이러한 기도문들은 지식인 작가가 지어 국가 차원의 제사에서 낭독되었으며, 한문을 모르는 일반인들이 짓거나 읽을 수는 없었다. 그래서 원효대사는 아주 간단하고 쉽게 기도를 가르쳤다.

그가 일찍부터 이 무애를 가지고 천촌(千村) 만락(萬落)에 다니며 노래 부르고 춤을 추며, 교화하고 읊다가 돌아왔다. 그래서 오두막 집의 어리석은 무리들까지도 모두 부처의 이름을 알고 나무아미타불을 부르게 되었으니, 원효의 교화가 참으로 컸다.[1]

나무아미타불(南無阿彌陀佛)은 범어로 "아미타불에 귀의한다"는 뜻인데, "아미타불이 있는 극락에 가게 해달라"는 기도이다. 불경을 읽어본 적이 없는 신자들에게 극락에 가는 가장 간단한 기도를 가르

---

1 일연 지음, 이가원, 허경진 역, 『삼국유사』, 한길사, 2006, 366.

쳤는데, 불교신자가 아니라도 다 아는 기도가 되었다. 무당들도 조상 굿을 하며 죽은 조상들의 극락왕생을 기원할 때에 '나무아미타불'을 외운다.

『천주성교공과』에서 가르친 12가지 기도문

유몽인이 『어우야담』에 "천주교가 이미 동남제권에서 행하여 받들어 믿는 자가 많았다. 우리나라만 모르고 있었는데, 허균이 중국에 갔다가 (세계)지도와 게(偈) 12장을 얻어 가지고 돌아왔다"고 기록하여, 우리나라 최초의 천주교인이 허균임을 밝혔다. 허균이 가져왔다는 게(偈)는 천주교 기도문의 불교식 표현이니, 12가지 기도문이라는 뜻이다.

한국 천주교 두 번째 사제인 최양업신부가 스승 신부들에게 보낸 편지가 파리외방선교회 문서고에 소장되어 있는데, 편지 곳곳에 기도문이 실려 있다. 상해에서 1847년 9월 30일 르그레주아 신부에게 보낸 편지에

> 주여 보소서. 우리의 비탄을 보시고 당신의 자비를 기억하소서. 우리의 죄악에서 얼굴을 돌리시고 예수 그리스도와 성모 마리아의 성심에 눈길을 돌리시어, 당신을 향하여 부르짖는 성인들의 기도를 들어주소서.[2]

---

2 정진석 옮김, 『최양업신부의 편지 모음집. 너는 주추 놓고 나는 세우고』, 바오로딸, 1995, 45.

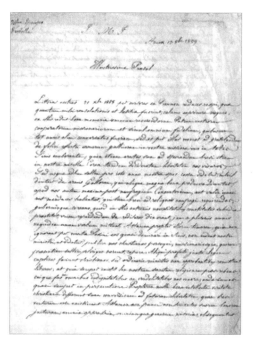
△ 최양업 신부가 안곡에서 보낸 라틴어 편지 _ 가톨릭신문

라고 하였으니, 이 편지집에 실린 기도들이 원본으로 현존하는 우리나라 최초의 기독교 기도문일 것이다. 그의 편지는 마카오에서 1842년에 보낸 첫 번째 편지부터 언제나 "예수 마리아 요셉"으로 시작하여 간구하는 문체로 이어졌으니, 기도하는 마음으로 스승 신부들에게 편지를 쓰다가 여기저기서 저도 모르게 천주에게 기도를 드리게 된 것이다. 최양업 신부는 천주가사를 많이 지었을 뿐 아니라 여러 가지 기도문을 국문으로 번역하여 한문을 모르는 신도들까지 기도를 드리게 하였다.

초기 천주교인들은 제사 때에 축문(祝文)을 한자음으로 읽었던 것처럼 한자 기도문의 뜻도 모르면서 한자음으로 읽었는데, 앵베르 주교는 천주를 존중하는 의미에서 한자음으로 기도했다고 생각했다. 그래서 1838년 12월 1일자로 포교성성에 보낸 보고서에 "한국 신자들은 천주교를 받아들인 그 시초부터 방언(우리말)을 천시하는 습관에 따라 천주님께 방언으로 기도하는 것을 그렇게 합당한 것으로 여기지 않았기 때문이었다"[3]라고 기록하였다. 초기 천주교인에 양반 지식층이 상대적으로 많았기 때문이기도 했지만, 유교 제사에서 축문(祝文)을 읽던 습관이 이어졌기 때문에 천주교 기도문도 자연스럽게 한자음으로 읽었다.

그러다가 여성 교우들이 많아지자 앵베르 주교가 기도문을 국문으로 번역하다가 순교하면서 최양업 신부가 뒤를 이어서 우리말로 번역하였다. 천주교의 공식 기도서인 『천주성교공과』(天主聖敎工課)는 1862년에 목판으로 인쇄되어, 1972년 가톨릭기도서가 나오기 전까지 모든 성당에서 사용되었다. 그중 성호경과 삼종경, 천주경 등 중요한 12가지 기도문을 '십이단'이라 불렀다.

기도는 하나님의 현존을 느끼면서부터 시작된다. 하나님께서 우리와 함께 살아계신다는 확신을 갖고 있었던 교인들은 모든 일에 감사하며 기도로 응답했고, 기도하는 시간이 길수록 하나님의 은총 안에서 살 수 있다고 믿었다. 『천자문』을 외웠던 것처럼 기도문도 외웠는데, 첫 번째 기도문 「성수를 찍을 때 하는 경」(기도)을 외울 때에는 실제로 나의 몸만이 아니라 죄도 씻겨 깨끗해진다고 믿었던 것이다.

『천주성교공과』 머리말에 "기구(기도)는 그 자체가 천주 공경이니, 천주를 흠숭하며 이왕 받은 은혜를 사례하며 죄 사하여 주심을 빌며 우리와 다른 이를 위하여 유익한 은혜를 구함으로써, 우리가 온

---

3 정중호, "한문성경기(漢文聖經期)와 성경 해석", 「신학사상」 165집, 2014, 115.

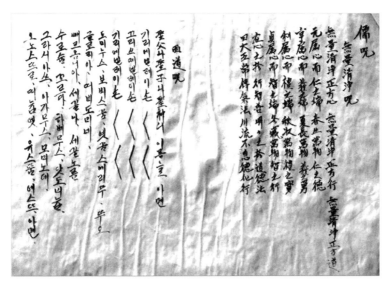

△ 무당의 축문 가운데 오른쪽에는 유교, 왼쪽에는 천주교 기도문(西道呪)까지 보인다. 『천주교의 큰 빛 언양』 (울산대곡박물관, 2013)

△ 『천주성교공과』 열두 가지 기도의 목록과 기도문

전히 천주께 종속돼 있는, 그의 피조물임을 승복하는 연고니라"고 설명하였다. 청원기도도 필요한 기도지만, 감사기도가 우선되지 않은 청원기도는 그저 기복신앙일 뿐이라는 사실을 분명히 인식했던 것이다.

많은 천주교인들이 새벽 기도를 했다. 조막달레나는 열 살도 되기 전인 1814년부터 새벽에 기도했으며, 권득인(베드로)는 1838년 초여름 수탉이 울 때 일어나서 불을 켜고 기도하였다. 김호연(바울)은 1831년 여름에 수탉이 울 때에 새벽기도를 이미 마쳤다.[4] 김세박(암브로시오)은 매일 자정에 기도하기 위해 일어났다고 하는데, 전통적인 제사를 하루의 첫 시간인 자정에 하던 관습에서 유래한 기도이다.

개인 기도를 가르친 『원입교인규조』(願入敎人規條)

천주교인의 기도문은 개인적인 기도문이 아니라 공동체 기도문이어서, 혼자 하건 함께 하건 정해져 있는 기도문을 같은 어조로 외웠다. 개신교의 한문기도문은 중국에서 선교사들이 『기도문식』(祈禱文式)이라는 제목으로 출판하였지만 우리나라에서 그대로 번역되지 않고, 1895년에 목판본으로 출판된 새신자 교재인 『원입교인규조』(願入敎人規條)[5]에서 각식도고문(各式禱告文), 즉 여러 가지 형식

---

4 이말테, "18-19세기 조선 천주교인들의 새벽기도(會)에 관한 연구", 「신학과 실천」 39호, 153-156.
5 1895년 간행본의 표지에는 '원입교인규조(願入敎人規條)', 속표지에는 '위원입교인규조(爲願入敎人規條)', 목록에는 '위원입교인규조', 판심(版心)에는 '원입교인규조'라고 되어 있는데, 나중에 나온 책들은 '원입교인규조'라고 되어 있으므로 이 제목으로 통일하였다.

各式禱告文 각식도고문

信徒默禱告文 예수를 밋는사룸이 종용이긔도ᄒᆞᄂᆞᆫ말이라

△『원입교인규조』「각식도고문」설명에 전통적인 높임법을 따라 하나님과 예수 앞에 한 칸씩 비웠다(왼쪽).「각식도고문」에 소개된 기도 제목과 예문(오른쪽)

의 기도문을 소개하였다.

각식도고문(各式禱告文) 첫머리에 "도고(禱告)하는 것은 하나님께 사귀어 화친하고 하나님께 빌고 구하는 것이니라. … 예수 밖에는 하나님과 죄인에게 중보가 없으니, 아무 사람이든지 예수만 의지하면 하나님께 빌 수 있느니라"라고 설명하며, 천주교처럼 사제를 통하는 것이 아니라 예수의 이름으로 하나님께 직접 아뢰고 싶은 것을 기도하라고 하였다.

본문은 여전히 띄어쓰기를 하지 않았는데, 하나님과 예수 앞에는 한 글자를 비우는 공격(空格)을 사용하여 높임을 나타냈다. 성령 앞에는 비우지 않아, 삼위일체에 관한 인식이 조금은 다르다. "무슨 물건과 향촉(香燭)으로써 할 것이 아니오, 다만 정성으로 예수를 의지하여 하나님께 기도할 것이니라"고 당부하여, 예전의 제사처럼 제물을 차리거나 향불을 피우지 말고 예수의 이름으로만 기도할 것을 강

조하였다. "기도문 몇 가지를 기록하였으나, 그대로만 할 것이 아니라 각각 제 마음대로 할 것이니라"고 설명하여, 온 교인이 다 함께 외우는 천주교 기도와 달리 각 개인이 자기가 하고 싶은 기도문을 작성하게 하였다. 이 책에는 일종의 예문만 보인 셈이다.

첫 번째 기도문인 「認罪悔改禱告文」(죄를 알아 회개한 사람의 첫째 기도하는 말이라)을 보면 가장 먼저 "지극히 높으시고 지극히 옳으신 하늘에 계신 우리 아버지"를 찾은 다음, "저를 어여삐 여기사 구원 얻는 길을 인도하여 주옵소서" 간구하고, "제가 어떻게 하여야 마땅히 할 일을 하나님의 뜻대로 다 가르쳐 주옵소서"라고 빌었으며, "구원하여 주시는 주 예수 그리스도의 이름으로 비옵나이다"라고 마무리하였다. 사람마다 자기 상황에 맞게 사연을 넣어서 자신만의 기도를 했을 것이다.

이 책에서는 일곱 가지 기도 예문을 제시했는데, 제목은 다음과 같다.

「認罪悔改禱告文」 죄를 알아 회개한 사람의 첫째 기도하는 말이라
「信徒黙禱告文」 예수를 믿는 사람이 조용히 기도하는 말이라
「率眷屬禱告文」 권속을 데리고 기도하는 말이라
「衆敎友禮拜時禱告文」 여러 교우가 예배할 때에 기도하는 말이라
「飯時禱告文」 음식 먹을 때에 기도하는 말이라
「幼兒禱告文」 어린아이 기도하는 말이라
「主祈禱文」 주기도문

개인 기도문이라고 했지만, 자신의 복을 비는 기도가 아니라 하나

님의 뜻이 이 땅에 이뤄
지고, 자신이 하나님의
뜻에 맞게 살기를 간구
하는 기도문들이다. 『원
입교인규조』는 그 뒤에
활자본으로도 여러 차례
간행되어, 기독교인이라
면 당연히 개인적으로
기도문을 작성할 수 있
게 되었다.

성공회 박요한(배드
콕) 신부가 1912년에 편
집 발행한 『성공회공도

△ 『천로역정』에서 기독도가 악귀를 만나 기도하는 모습

문』(聖公會公禱文)에는 만도(晩禱) - 조도(早禱) - 총도문(總禱文) 순으
로 공동기도문을 소개했지만, 1917년에는 일반 신도들이 일상생활에
서 활용하여 기도할 수 있도록 『사도문』(私禱文)을 출판하였다.

> 주교가 이 사도문을 발간함은 모든 형제자매를 위하여 사사 기도를
> 열심히 하게 함이니 공기도할 때에 누구든지 이 도문을 사사로이
> 사용하는 것이 무방하나… 사람마다 한 모양으로 할 것이 아니라
> 다만 이 도문 전편 중에 긴요한 것과 유익한 것을 자기 마음대로
> 택하여 쓸 것이니라.[6]

---

6 민재은, 『私禱文』, 조선성공회, 1917, 1-2.

긔도문

○ 하눌에 계신 우리 아바지여 네 일홈의 거룩홈
심이 나타나며 네 나라히 림호시며 네 거룩호신 뜻
시 하눌에셔 일움 굿치 싸헤셔 또흔 일우어지이다
오날날 우리게 일용홀 량식을 주시고 우리 죄를
호야 주심을 우리가 우리게 득죄훈쟈를 면호야 줌
굿치 호시고 우리를 유감에 빠지지 말게호시고 또
혼 우리를 흉악에셔 구호쇼셔

○ 십이단 밋는 경이라

一 하눌과 싸와 다 뵈이는것과 또 아니 뵈이는것을
믿둣신 전천 잡은 흔분 셩부를 밋으며

二 또 오직 흔 부이신 쥬 이이수쓰 흐리스도쓰 하
눌의 아둘이시며 독셩쟈ㅣ시며 모든 셰샹 젼에 아
바지게로셔 나신쟈로 빗쳐셔 빗쳐오 춤 하느님게로
셔 춤 하느님이오 · 나흐심바ㅣ오 지은바 아니나 아
바지게 흔 근본이오 그로써 만물이 다 지은바를 밋
으며

三 그가 우리 사름과 우리의 구완을 위호야 하눌노

△ 러시아정교회가 1903년 출판한 『긔도문』에 12단 기도문이 실려 있다. 하나님을 '너', 예수를 '이이수쓰 흐리스도쓰'라고 표기한 것이 특이하다.

조마가(트롤로프) 주교는 이 서문에서 기도를 영혼의 호흡으로 비유하면서, 성직자의 허락 없이 개인적인 목적을 위하여 기도하기를 권면하였다. 일상적인 신자매일도문(信者每日禱文) 뒤에 축문집(祝文集)을 실었는데, 기우축문(祈雨祝文) - 피화축문(避禍祝文) - 위교자녀축문(爲敎子女祝文) - 위병자축문(爲病者祝文) - 위별세자축문(爲別世者祝文) 등 18종의 축문이 실려 있다. 농경사회였음을 감안하더라도 기우축문(祈雨祝文)은 기우제의 축문을 연상케 하며, 재앙 - 자녀 - 질병 - 임종 등 나머지 축문들도 하나님의 뜻이 이 땅에 이뤄지기를 빌던 주기도문에서 기복신앙(祈福信仰)으로 한 걸음 나아왔음이 느껴진다.

"하나님 맙소사!"는 이제 그만

한국인이 다급한 일을 당했을 때에 저도 모르게 내뱉는 말이 "하나님(하느님) 맙소사!"인데, 번역 성경투로 풀어쓰면 "하나님! 그리 마옵소서"라는 기도가 된다. 교회 다니지 않는 사람도 저절로 "하나님 맙소사!" 탄식할 때가 있으니, 우리 민족이 영성이 넘치는 것만은 분명하다. 이 구절은 신구약에 모두 보이는데,「창세기」48:18에선 요셉이 야곱에게 "아버지여! 그리 마옵소서"라고 외쳤으며,「마태복음」16:22에선 베드로가 예수에게 "주여! 그리 마옵소서."라고 간청하였다. 둘 다 상황이 자신에게 불리하게 돌아가자 '나에게 그런 일이 생기지 않게 해달라'고 간구한 것인데,「누가복음」22:42에 보이는 예수의 기도는 이와 달랐다. "만일 아버지의 뜻이거든 이 잔을 내게서 옮기시옵소서. 그러나 내 원대로 마시옵고 아버지의 원대로 되기를 원하나이다." '그리 마옵소서'가 아니라 '아버지의 원대로 되기를 원한' 것이다.

가장 전형적인 기도문은 예수가 제자들에게 가르쳐준「주기도문」이다. 이 기도문에서 복을 빌거나 물질을 받기 원하는 내용은 "오늘날 우리에게 일용한 양식을 주옵시고"라는 구절뿐이고, 나머지는 모두 이 땅에서 아버지의 뜻이 이루어지기를 빌었다. 고전문학에 보이는 도교나 샤머니즘의 기도가 대부분 개인적인 복을 빌었던 것과는 다르다.

천주교인들도 개인적으로 새벽기도를 하였지만, 본격적인 새벽기도는 개신교에서 시작되었다. "새벽 아직도 밝기 전에 예수께서 일어나 나가 한적한 곳으로 가사 거기서 기도"(마가복은 1:35)한 것을 본받아 새벽기도를 시작했지만, 우리 민족은 도교나 불교 같은 종교에서도 예전부터 새벽기도를 해왔다.

길선주(吉善宙, 1869~1935) 목사 아들의 기록에 의하면, 길선주 목사는 20세 되기 전부터 산속에 가서 밤을 지새우며 관성교(關聖敎)의 '산신 차력 주문'(山神借力呪文)과 선도(仙道) 『옥추경』(玉樞經)을 외웠다. 24세부터는 정화수를 떠놓고 상제에게 예배하며 자기만의 기도를 시작하였다. 이 무렵에 모펫 선교사를 만나고 한문 성경을 구해 읽으며 기독교를 알게 되었으며, 1896년 어느 가을날 주일 새벽에 기도하다가 부르심을 받고 회심했다.7 도교 수련의 기도에서 기독교의 기도로 바뀐 뒤에도 새벽기도를 계속하여 평양대부흥운동을 일으킨 것은 잘 알려진 사실이다. 길선주 목사의 기도는 도교식 수련에서 출발했지만, 도교식으로 개인의 복과 장수를 빈 것이 아니라 성령이 역사하기를 빌었다. 이 땅에 아버지의 뜻이 이뤄지기를 빈 것이다.

1950년 6월에 한국전쟁이 일어나자 국민학교 교사로 근무하던 나의 장인은 육군에 입대하여 강원도 전선 7사단에 배치되었다가 1951년 5월 중공군에게 포로가 되었다. 아군과 적군의 포격 속에 평안북도 강계까지 60일간 행군한 끝에, 압록강 만포진의 포로수용소에 수용되었다. 1953년 7월 휴전협정이 이뤄진 뒤에도 서너 달이 더 걸려서야 고향에 돌아왔더니, 친척들은 다들 전사했다 생각하고 개가(改嫁)를 권했지만, 장모님은 3년 내내 새벽마다 정화수를 떠놓고 남편이 무사히 돌아오기를 천지신명께 기도하고 있었다.

내가 아내와 결혼할 때에 나의 어머니가 가장 귀한 선물이라면서 성경과 찬송을 처가에 보내셨다. 그때까지만 해도 절과 산에 기도를

---

7 길진경, 『靈溪 吉善宙』, 종로서적, 1980, 28-73.

다니던 장모님은 선물 보따리를 풀어보고는 실망하여 다락에 던져 놓으셨다. 처가의 남매들이 경주이씨 작은 지파의 종손부였던 장모님을 위해서 몇 년 동안 기도하자, 변화가 일어났다. 어떤 날 남매들이 모두 모인 자리에서 장모님이 "찬송가 360장이 무슨 내용이냐?" 물으셨다. 어린 시절 즐겨 듣던 라디오연속극에서 유관순이 날마다 부르던 찬송이라는 사실이 떠오르자, 기도의 응답을 받았음이 곧바로 느껴졌다. 다락에 던져놓았던 찬송가를 꺼내다가 「예수 나를 오라 하네」라는 찬송을 펼쳐드리자, 한번 읽어보시고 그 다음 주부터 교회에 나가셨다. 그동안 절과 산에 다니며 열심히 기도드리던 그 대상이 바로 하나님이었던 것을 그때서야 알게 되자, 우리보다 더 열심히 기도생활을 하셨다.

백령도 중화동에 사셨던 나의 고조부는 1897년에 유배 왔던 진사 김성진을 통해 기독교를 받아들였다. 증조부가 서당을 운영하셨기에 김성진은 서당에 머물면서 동네 소년들을 가르쳤는데, 1889년생이던 할아버지가 아침에 서당에 가면 김성진 선생이 자주 방바닥에 무릎을 꿇고 엎드려 있었다. 그때는 '훈장님이 배가 아픈가 보다' 생각했는데, 나중에야 기도하는 법을 배웠다고 한다.

고조부가 소래교회에 청원하여 1898년 10월에 중화동교회를 세웠다. 고조부가 어느 날 예배시간에 기도를 하다가 기도문이 바람에 날아가자 "기도문 잡아와라" 소리를 쳐서 증조모가 기도문을 주워다 바쳐 기도가 이어졌다. 제사할 때에 축(祝)을 읽던 식으로, 두루마리 종이에 붓으로 기도문을 써서 교회 어른이 낭송했던 것이다.

전에는 기도 순서를 정하지 않고, 사회자가 "성령이 인도하시는 대로 기도합시다"하면 두세 명이 자발적으로 기도하던 시절이 있었다. 그날의 대표기도를 위해 따로 준비하지 않았지만 늘 기도 속에 살았던 셈이다. 내가 다니는 교회에서는 기도순서 며칠 전에 대표기도 안내문을 보내준다. '개인기도로 착각하지 않고, 중언부언하지 않기 위해서' 기도문을 미리 준비해오고, 마이크를 잘 활용하기를 권한다. 조선시대 축문처럼 써서 읽는 형식이지만, '찬양과 감사' – '회개와 고백' – '간구' – '예수님의 이름' – '아멘'의 다섯 가지가 들어가면서 예배시간의 대표기도가 된다. 성령의 인도를 받아 준비 없이 나서서 하는 기도도 좋고, 한 주일 동안 묵상하며 써 와서 읽는 기도도 좋다. 하나님의 이름을 몰랐을 때에 누구에겐가 복을 빌던 기도와 달리, 하나님의 뜻이 이 땅에 이뤄지기를 비는 기도가 기독교의 기도이다.